Les boutures de plantes d'appartement

Photographie de couverture : Studio DARGAUD.

Suzanne CRAYSON

Les boutures de plantes d'appartement

Illustré par Catherine LACHAUD

4e édition
27e mille

DARGAUD EDITEUR
PARIS • BARCELONE • LAUSANNE • LONDRES • MILAN • MONTREAL • NEW YORK • STUTTGART

Dépôt légal : Janvier 1986 - N° 12650
ISBN 2-205-02596-1
ISSN 0224-8719

Imprimé en France par Tardy Quercy S.A. Bourges, en Janvier 1986

Printed in France

Cet ouvrage a déjà été publié dans la collection « Rusticolor »

table des matières

6. table des matières

JE vous livre ici les secrets de la multiplication des plantes, comment en obtenir de nouvelles à partir des anciennes, comment remplir votre maison de potées fleuries ou de feuillages toujours verts, même si vous ne pouvez y consacrer de grosses sommes. C'est pour des raisons d'économie, et aussi parce que cela m'intéressait, que j'ai découvert mille astuces pour en avoir toujours davantage.

J'ai d'abord étudié dans un livre les conseils de culture et tout ce que je devais savoir sur l'achat, l'arrosage, l'entretien, la fertilisation. Mais on y parlait très peu de multiplication.

Je suis donc allée dans une bibliothèque pour consulter des livres très savants à l'usage des horticulteurs et des pépiniéristes. Je n'ai pas compris grand-chose au langage technique et aux noms latins ou grecs. J'ai alors décidé d'apprendre à multiplier les plantes par moi-même.

Ce livre est le résultat de mes tentatives et de mes erreurs sur plusieurs années. L'expérience a été mon guide unique. J'ai souhaité vous faire partager mes connaissances dans ce domaine. C'est pourquoi j'ai écrit ce livre.

Je vous explique tout ce qu'il est utile de savoir pour chacune des plantes, en décrivant étape par étape toutes les opérations dans un langage compréhensible par tous. La multiplication vous permet, par les échanges de « bébés-plantes » avec vos amis, d'enrichir rapidement votre collection. Bientôt, sans bourse délier, vous rivaliserez avec tout ce qui pourrait vous faire envie au rayon plantes d'appartement d'une jardinerie.

Rien n'est simple. Vous raterez peut-être vos premières expériences. Ne vous découragez pas.

Souvenez-vous que les plantes sont vivantes et réagissent à l'amour et aux soins attentifs comme tout être vivant. Si vous traitez vos plantes avec gentillesse et respect, elles feront de leur mieux pour vous être agréables.

généralités

Le secret de la culture réussie des boutures de plantes d'appartement est de savoir utiliser les bons outils et de préparer les milieux de culture favorables à leur développement.

VOS OUTILS

UNE grande partie de vos outils de jardinage se trouve dans votre cuisine. Lorsque vous deviendrez plus expert, vous pourrez rêver à des instruments plus perfectionnés. Pour commencer, travaillez avec les instruments ci-dessous.

● *Couteau aiguisé :* stérilisez-le avant usage, en l'essuyant avec un chiffon humecté d'alcool. Cela évitera la contamination par transport des bactéries d'une plante sur l'autre.

● *Tessons de pots de fleurs.*

● *Bacs et bouteilles vides :* pour faire raciner les boutures, utilisez les bouteilles et les bacs à large ouverture comme petites serres individuelles.

● *Pots de fleurs :* commencez avec quelques-uns ; achetez les autres au fur et à mesure de vos besoins.

● *Fongicide :* produit (en poudre ou liquide) empêchant les racines de pourrir en détruisant les champignons.

● *Hormones :* à appliquer sur les extrémités qui doivent s'enraciner.

● *Plastique :* un rouleau de sacs en plastique transparent (rayon ménager des grands magasins).

● *Tuteurs :* vous pouvez acheter des bambous ou des bâtons en plastique de toutes les couleurs, mais les baguettes en bois font aussi bien l'affaire.

● *Vitamine B 1 :* un fortifiant pour les racines. Elle est vendue dans les jardineries sous différentes appellations.

● *Arrosoir :* prévoyez-le assez grand avec une pomme large pour un arrosage léger.

● *Indicateurs d'humidité :* ces gadgets sont en vente dans les graineteries. Ils indiquent si votre plante a besoin d'eau.

● *Yaourtière :* source constante de chaleur humide par le bas (voir p. 16).

VOS MILIEUX DE CULTURE

L'eau. L'eau est le milieu le plus favorable au développement des boutures. Vous pouvez faire raciner dans l'eau à peu près toutes les plantes. Il suffit pour cela d'une bonne luminosité. Les boutures racinent plus rapidement dans de petites bouteilles. Elles peuvent mettre de un jour à un mois pour former leurs racines. Mettez un petit morceau de charbon afin de garder l'eau propre. Assurez-vous du niveau chaque jour, car l'évaporation est intense. Lorsque les racines sont formées, les boutures peuvent être plantées directement dans la terre.

Le seul inconvénient à faire pousser les racines dans l'eau est qu'elles sont plus fines que dans la vermiculite et souffrent quelquefois de leur implantation dans un pot.

Pour éviter le flétrissement, trempez la bouture dans une solution de vitamine B1. C'est un traitement anti-choc. Ensuite, faites subir à la bouture le « traitement serre » pendant quelques jours (voir p. 14).

La vermiculite. C'est également un très bon milieu de culture. Il s'agit d'un milieu sans terre, fabriqué avec de petits morceaux de mica. Il a la consistance d'une litière de chat (qui peut en cas d'urgence lui être substituée). Ce milieu est utilisé pour les jeunes plantes, mais peu recommandé pour les plantes plus âgées car il ne contient pas d'aliments. La vermiculite peut être employée indéfiniment car elle est stérile. La principale caractéristique de la vermiculite est d'absorber une grande quantité d'eau sans être détrempée. Cela peut causer des problèmes si on l'utilise dans des pots en plastique. En effet, ceux-ci interdisent l'évaporation à travers les parois. Des algues peuvent se former à la surface : votre bouture ne reçoit pas assez d'oxygène, elle est en danger d'asphyxie. Cet écueil est évité lorsque la vermiculite est utilisée dans des pots en terre.

Pour préparer la vermiculite, versez-la dans une bassine en plastique et ajoutez doucement de l'eau jusqu'à l'absorption complète. Rien ne doit voler lorsque vous remuez. Mettez-la ensuite dans un pot de fleurs propre, dans lequel vous aurez placé un tesson. Prenez ensuite un autre pot par sa base la plus étroite et appuyez doucement sur la mixture. Cela fait sortir un peu d'eau et la vermiculite réduit de moitié. Recommencez, ajoutez de la vermiculite et pressez jusqu'à ce que le pot de fleurs soit plein. Cela donne une base solide pour installer votre bouture. Prenez un bâton et faites un trou dans le centre. Mettez-y votre bouture et appuyez doucement autour avec vos doigts.

La terre. Un mélange terreux acheté dans le commerce est une addition de terre, d'humus, de sable et de fertilisant. Ce mélange est pasteurisé et stérilisé. Cela donne un excellent milieu de culture pour toutes les jeunes plantes après leur enracinement. Pour la plupart des plantes, ce mélange peut être utilisé tel quel sans autre préparation.

Le sable. Le sable est d'origine variée : marchands de matériaux de construction, rivière. Il sera utilisé en le faisant bouillir dans l'eau. Le sable marin peut être utilisé mais attention, il est salé et pourrait tuer vos plantes. Rincez-le abondamment avant usage. Le sable est mis dans des récipients en terre. J'utilise toujours du sable pour les boutures racinées dans un pot en plastique.

Les mousses. Les mousses vertes et le sphagnum se vendent en sac. Les mousses doivent être lavées et essorées avant usage. Ces mousses sont utilisées pour les paniers suspendus, le marcottage aérien et pour faire raciner les plantes qui ne peuvent pas pousser dans la terre. La tourbe, mélangée au sphagnum, est utilisée pour les plantes exigeant un sol acide et retenant l'eau. Ce mélange apporte aussi l'humus. Celui-ci est abondant dans les feuilles décomposées. Il est difficile à trouver, sauf à la campagne ou si vous faites vous-même pourrir les feuilles.

La terre cuite. Il est inutile de jeter la terre après usage. Elle peut être réutilisée. Stockez-la dans un sac en papier kraft. Le mieux est d'utiliser deux sacs pour une meilleure solidité. Placez le sac plein dans un grand plat et ajoutez doucement 1/2 litre d'eau. Fermez le sac avec un élastique et mettez-le dans le four à la plus basse température. Laissez-le cuire trois heures, la porte de la cuisine étant fermée : il se dégage une odeur plutôt bizarre. L'eau s'évapore. Toutes les spores de champignons et les micro-organismes, genre bactéries pathogènes, sont détruits. Si vous ne tuez pas toutes les spores, elles peuvent reprendre vie plus tard et attaquer vos plantes. La terre ordinaire de jardin doit être stérilisée de la même façon.

VOS POTS

Terre, céramique ou plastique. J'utilise si possible des pots en terre. La terre est poreuse et permet à la bouture de respirer. Les pots en plastique sont non poreux. Lorsqu'ils sont utilisés avec de la vermiculite, des algues se forment souvent à la surface et étouffent les boutures.

Le mieux est de faire un compromis. J'utilise le sable lorsque les boutures racinent dans un pot en plastique, et la vermiculite lorsqu'il s'agit d'un pot en terre. Les pots en plastique présentent parfois un avantage : pour les plantes suspendues (le pot en plastique est plus léger) et pour les plantes qui doivent être maintenues dans une humidité constante. L'évaporation dans un pot en plastique est deux fois moins rapide que dans un pot en terre. Les pots en céramique décorative, s'ils ont un trou d'évacuation, peuvent être utilisés comme des pots en terre. S'ils ne possèdent pas ce trou, ils peuvent servir de cache-pots.

Lavez-les à l'eau chaude. Les pots peuvent servir plusieurs fois. Entre deux utilisations, lavez-les entièrement à l'eau très chaude dans laquelle vous ajouterez un détergent. Utilisez une brosse en chiendent pour un nettoyage efficace. Rincez et séchez. Si les plantes sont mortes dans un pot, je vous conseille de faire bouillir celui-ci dans une bassine d'eau avant de le réutiliser afin de tuer toutes les spores et bactéries. Les pots en plastique trop chauffés fondent. Pour cette raison, il est préférable de jeter la plante et son pot si celle-ci meurt de maladie.

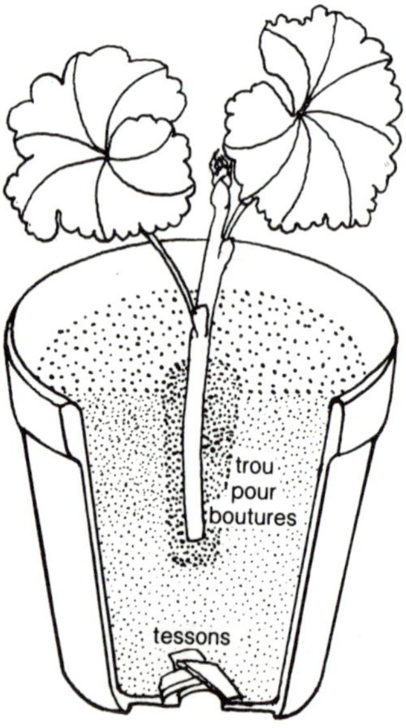

Trou de drainage

Pensez au trou de drainage. Les tessons sont des morceaux de pots de fleurs assez grands pour boucher le trou au fond du pot. Ils empêchent les racines de pousser hors du pot et l'eau de s'écouler. Ils permettent aussi aux racines d'avoir un appui. Vous devez toujours boucher les pots, que vous utilisiez de la vermiculite, du sable ou de la terre. Mettez un ou deux tessons et faites-les chevaucher de manière à ce que le trou soit complètement couvert. Les pots en plastique ont beaucoup de trous. Bouchez-les avec des cailloux.

Les conteneurs spéciaux. La plupart des boutures racinent dans des bouteilles d'eau ou dans de petits pots de vermiculite. Il existe d'autres conteneurs, utilisés dans certaines occasions.

- *Pots en tourbe :* on les trouve dans toutes les jardineries. Je les utilise rarement pour le jardinage à l'extérieur car ils sèchent trop vite. Cependant, lorsque vous utilisez un « pot à deux étages », ils sont indispensables.
- *Pots à deux étages :* on les utilise lorsque la bouture émet des racines fragiles qui se brisent toujours pendant leur transfert dans la terre.

Le pot de tourbe rempli de vermiculite, on le place dans un grand pot rempli de terre. La bouture forme ses racines dans la vermiculite et dans la terre à travers les parois du pot en tourbe.

● *Pot arroseur :* il est utilisé pour l'enracinement du saintpaulia et des feuilles de pépéromia. L'eau, dans un petit pot en terre, suinte à travers les parois et pénètre dans la vermiculite contenue dans le grand pot. Cela maintient l'humidité. Ce pot est utilisé pour toutes les boutures qui doivent rester à l'humidité. Il est très utile si vous devez vous absenter quelques jours, pour que la vermiculite ne sèche pas complètement.

Pots à deux étages

ENTRETIEN DES BOUTURES

Les boutures nécessitent un entretien particulier. Pendant les premières semaines de leur vie, elles ont surtout besoin d'eau, de lumière et d'humidité. Ces besoins sont différents de ceux de l'état adulte.

Eau

Les boutures doivent toujours être à l'humidité pour former des racines. La vermiculite est un excellent milieu de culture. Elle a la faculté de retenir l'humidité. Les boutures en petits pots de 4 à 5 cm doivent être vérifiées chaque jour pour s'assurer que la vermiculite ne soit pas complètement sèche.

Une règle à retenir : les boutures faites dans des petits pots nécessitent deux fois plus d'arrosage que celles faites dans des pots plus grands. De même, si vos boutures vivent dans la vermiculite, le sable ou la terre, elles doivent être régulièrement arrosées.

Mettez votre doigt dans la vermiculite pour vérifier son état. Si le pot semble léger, la vermiculite est sèche. Un pot de vermiculite a pratiquement le poids de l'eau qu'elle absorbe. Ne vous fiez pas aux besoins de la plante adulte pour l'entretien de vos boutures. Un géranium, conservé dans un air sec à l'âge adulte, a besoin d'humidité pendant son enfance.

Lumière

Les boutures poussent deux fois plus vite en pleine luminosité. Si vous avez une fenêtre orientée au sud ou à l'ouest, vous obtiendrez de meilleurs résultats qu'au nord ou à l'est. Cependant, les boutures n'ont pas besoin des rayons du soleil directement sur leurs feuilles. Elles ont besoin de lumière. Les lumières artificielles sont aussi valables. Ce type d'éclairage permet le contrôle de l'intensité lumineuse. Celle-ci n'est jamais trop forte pour les plantes. De plus, vous pouvez contrôler la longueur du jour en éteignant la lumière plus ou moins tôt.

Si votre maison a une seule fenêtre face au nord avec un immeuble de vingt étages en face, ne désespérez pas ! Vos meilleures boutures peuvent être faites dans votre placard, même le plus obscur, avec un éclairage spécial.

On peut trouver ce genre d'éclairage sous forme suspendue de tube fluorescent type « blanc filtrant de luxe », 40 watts, placé à 25 cm au-dessus des plantes. Mon unique fenêtre est orientée à l'est. Mes résultats étaient mauvais. J'ai essayé de faire pousser mes boutures dans un placard avec une lampe et j'ai comparé les résultats. Les boutures du placard ont toutes raciné en une semaine tandis que celles de mes fenêtres mettaient un mois. Certaines refusent de raciner. Si vous voulez vous rendre la vie plus facile, achetez-vous un tube.

Humidité

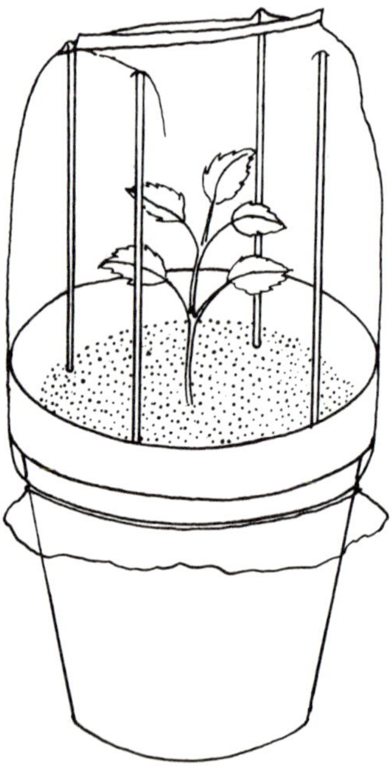

L'« effet serre »

L'« effet serre » ou plutôt les conditions de vie « à l'étouffée » sont celles d'une plante placée dans un espace clos et protégée de l'air extérieur. Dans sa forme la plus simple, une serre peut être un sac de plastique autour de la plante, le tout placé dans un placard. Le sac peut être soutenu par un bâtonnet enfoncé dans la vermiculite. En principe, le sac ne doit pas toucher les feuilles. Pour une plante plus volumineuse, retournez le sac et fermez avec un élastique au-dessous du rebord du pot.

L'humidité se forme à l'intérieur du sac en quelques heures. Les plantes absorbent cette humidité par leurs feuilles et leurs racines. Cela leur permet de survivre quand leurs racines ont été blessées. Vérifiez l'humidité à l'intérieur de la serre en faisant des échancrures dans le sac. L'air intérieur et l'air extérieur se mélangent. Si aucune buée n'apparaît, le milieu de culture n'est pas assez humide.

La serre est utile en différentes occasions.

- *Pour les boutures racinées dans la vermiculite :* elles survivront mieux au choc de la transplantation si leurs feuilles baignent dans l'humidité.
- *Pour le transfert des boutures racinées de l'eau à la terre :* presque sans exception, une plante se flétrit après son transfert. Les fines racines essaient de s'acclimater, venant du milieu initial, l'eau, à une sécheresse relative du sol. Une semaine dans la serre aide une jeune plante à absorber assez d'humidité pour survivre jusqu'à ce que les racines retrouvent assez de force. Si vous arrosez vos

plantes avec de la vitamine B 1 pendant une semaine après le transfert de l'eau à la terre, elles reprendront plus rapidement.

● *Pour les plantes qui se décolorent :* si votre plante semble dépérir sans raison apparente, une semaine dans une serre peut la remettre en forme. Vous pouvez faire des serres individuelles avec des pots de confiture, des bocaux à conserve ou des verres en plastique. Le tout est d'en trouver de la dimension du pot sur lequel on les retournera. Ils peuvent être un peu soulevés si, à l'intérieur, l'humidité devient trop importante.

On peut faire une serre pour un groupe de boutures dans une boîte un peu plus grande en plastique, avec une couche de 5 cm de vermiculite au fond. S'il y a trop d'humidité sur les bords de la boîte, faites un ou deux trous dans le couvercle à l'aide d'un tournevis chauffé sur la flamme du gaz.

Attention au durcissement !

Dans la serre, la jeune plante est dans une agréable atmosphère. Vient le jour où le petit rejeton doit faire face au monde froid de l'extérieur. Cela nécessite une acclimatation. Elle doit se faire tout doucement, sinon votre plante se fane et meurt. Si votre serre est un sac en plastique, faites des trous petit à petit jusqu'à ce que le sac soit complètement ouvert. Si vous utilisez des pots individuels, ouvrez-les un peu tous les jours. Lorsqu'il y a 2,5 cm d'espace, cela permet à l'air extérieur de se mêler à l'air intérieur. Si vous utilisez une boîte à couvercle, soulevez celui-ci peu à peu. Le processus de durcissement peut durer environ cinq jours. Ne vous précipitez pas. Au premier signe de flétrissement, refermez rapidement la serre et recommencez plus doucement.

Température

Les boutures exigent une température comprise entre 15° et 25°, comme les plantes adultes. Le terme « chaleur de fond », souvent utilisé dans ce livre, concerne les boutures de tiges et les rejets. Cette expression signifie qu'il faut fournir de la chaleur à la plante par le bas pour la faire raciner. Les horticulteurs font un assemblage compliqué et cher de fils électriques et de prises pour obtenir cette condition magique.

Moi, j'ai une meilleure suggestion à vous faire : la yaourtière. Elle produit une source de chaleur constante, fournie par des lampes faibles en watts sous un plateau de métal ou de plastique. La chaleur nécessaire au lait pour devenir un yaourt semble identique à celle nécessaire aux boutures pour raciner. Une bouture ayant reçu une chaleur de fond sera mise ensuite rapidement dans une serre individuelle ou dans un milieu de culture quelconque. Sinon, elle se desséchera immédiatement. Si vos boutures sont dans des pots très petits, faites-les tenir sur une couche de cailloux placés sur le fond de la yaourtière. Cela leur évitera d'avoir un coup de chaleur. Après quatre ou six semaines d'abord sur la yaourtière et ensuite dans la serre, vos boutures doivent avoir raciné. Ensuite, on commence le processus de « durcissement » en renouvelant progressivement l'atmosphère de la serre.

PLANTEZ VOS BOUTURES

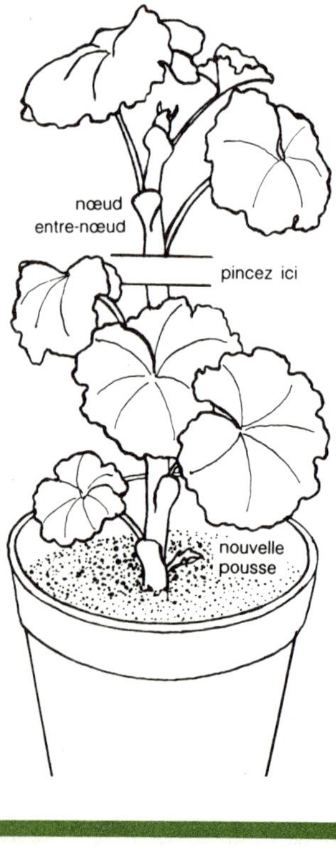

Quand la bouture a développé des racines dans la vermiculite, il est temps de la planter dans la terre. Obturez un pot, rond ou carré, de 8 cm. C'est le bon diamètre pour cette étape. Mettez 2 cm de terre dans le fond.

Retirez doucement la bouture de son ancien conteneur. Secouez-la et ôtez le plus de vermiculite possible de la motte des racines. Mettez-la dans son nouveau pot. D'une main soutenez la bouture, de l'autre comblez l'intervalle restant avec de la terre jusqu'à 2 cm du bord. Ramenez doucement la terre autour de la bouture et donnez quelques coups au pot pour la tasser et éliminer les poches d'air. Puis arrosez votre jeune plante avec de la vitamine B1 comme traitement anti-choc et souhaitez-lui bonne chance. Elle restera dans ce pot jusqu'à sa maturité.

Pincez votre plante dès qu'elle atteint 12 cm de haut. C'est le terme utilisé pour enlever les feuilles du haut. Cela favorise le développement et la ramification de la partie basse. Entre votre pouce et votre index, pincez les nouvelles feuilles du haut de la tige. Rappelez-vous que vous faites cela pour aider la plante à s'épaissir et à devenir belle. Les plantes comme le coléus, la misère, doivent être pincées régulièrement pour les forcer à ramifier. De plus, c'est une très bonne occasion de se procurer du matériel pour les boutures. Les fuchsias tirent aussi bénéfice de cette pratique. Dès qu'ils ont huit étages de feuilles, l'extrémité peut raciner dans l'eau et former de nouvelles plantes. Il suffit pour cela de séparer une branche comportant trois nœuds. Un nœud est l'endroit à partir duquel pousse la feuille. L'espace entre deux nœuds s'appelle entre-nœud.

LES BOUTURES

Bouture de tête. C'est la méthode la plus simple. Cette bouture a 8 cm de long et au moins trois nœuds. Elle forme ses racines dans l'eau ou la vermiculite. Lorsqu'elle est plantée dans la terre, elle devient une plante semblable à la plante-mère. Les plantes qui fournissent les meilleures boutures, sont le géranium, le coléus, le pothos et la misère.

Rejets. Dans cette catégorie, groupés sous le terme général de rejets, se trouvent le stolon, le drageon, les tubercules, les rhizomes. Tous sont des plantes petites mais complètes. Ils poussent sur le côté ou au sommet de la plante-mère. L'aglaonéma et le dracæna émettent des drageons à la base de la plante-mère. Ils peuvent être coupés avec quelques-unes de leurs racines. Le chlorophytum développe des tiges avec des rosettes. Celles-ci pendent le long de la plante-mère. Les rosettes peuvent être plantées dans des petits pots tout en restant attachées à la plante-mère (voir dessin page 42). Le saxifrage (*Saxifraga sarmentosa* 'Tricolor') émet des stolons comparables à ceux du fraisier, mais filiformes et de couleur rouge. Les rosettes des feuilles sont des miniatures de la plante-mère.

Division des touffes. Quand une plante devient assez volumineuse, vous devez la diviser en deux ou trois plantes plus petites. Celles qui peuvent être divisées, sont formées d'éclats rapprochés les uns des autres. Elles ne développent pas une seule tige centrale. Par exemple, un saintpaulia adulte est fait de trois ou quatre petits éclats, chacun étant une future plante. Si vous le dépotez, séparez les racines doucement et coupez-les.

Les fougères sont un autre exemple de plantes qui peuvent être divisées. Les racines en motte peuvent être triées et coupées. Chaque morceau comprendra une partie du feuillage (voir dessin page 31).

Bouture de feuilles.

- *Dans l'eau :* vous pouvez faire pousser une nouvelle plante en mettant une seule feuille dans l'eau. Cette méthode est utilisée avec certaines plantes : saintpaulia et bégonia.
- *Dans le sable ou la vermiculite :* c'est le cas de nombreuses espèces de sédums et d'échévérias.

Feuille à plat. Posez la feuille d'une plante sur la terre et incisez-la aux nervures tout en lui assurant de la chaleur de fond. De nouvelles plantes se formeront sur les incisions. Les feuilles de bégonia peuvent être traitées de cette manière (voir dessin page 36). Les petits plants ainsi formés peuvent être détachés de la plante-mère et plantés séparément.

Bouture de tige. C'est une bouture faite à partir d'une tige principale d'une plante âgée qui a perdu la plupart de ses feuilles, surtout les plus basses. Vous pouvez alors faire une nouvelle plante par marcottage aérien ou en faisant une bouture de tige. Coupez tout d'abord le haut de la plante âgée : vous avez une tige d'environ 7 cm de long. Chaque morceau, portant un œil, est placé horizontalement, à moitié enterré dans la vermiculite. Une nouvelle plante se formera sur cet œil. Cette méthode est utilisée pour faire raciner les tiges des vieux bégonias, dracænas et dieffenbachias (voir dessin page 48). Les boutures de tige demandent de la chaleur dite de fond. C'est une bonne occasion de mettre en service votre yaourtière.

Bouture à crossette. Une bouture de rameau ou de feuille avec une partie de la tige plus vieille, conservée à la base s'appelle une bouture à crossette. La tige est placée horizontalement sur la vermiculite. Les racines se forment sur le nœud. La nouvelle plante se développe à l'intersection de la feuille sur la tige. Cette méthode est utilisée en particulier pour multiplier de gros philodendrons.

Plantes vivipares. Ces plantes produisent de nouveaux plants plutôt que des graines. Le populaire *Saxifraga sarmentosa* en est un exemple. De nouveaux petits plants se forment sur le dessus des grandes feuilles du haut. Ces feuilles peuvent raciner dans l'eau lorsqu'elles sont submergées. Le kalanchoé forme de nouvelles plantes le long des bords de feuilles.

Marcottage aérien. Cette méthode est utilisée pour les vieilles plantes ayant perdu leurs feuilles du bas et qui commencent à ressembler à des palmiers : *Ficus elastica, Ficus lyrata, Schefflera et Dracæna* (voir dessin page 40). Faites une incision aux trois quarts dans la tige, inclinée à 45°. Mettez un cure-dent pour empêcher que la fente ne se referme d'elle-même. Enveloppez la bouture dans la mousse lavée dans l'eau et essorée. Emballez le tout dans du plastique, fermez en haut et en bas.

Quand les racines apparaissent à travers la mousse, coupez la tige juste sous les racines. Plantez toute la boule de racines dans un pot rempli de terre.

soignez vos plantes

Vous devez faire attention aux plantes, être sensible à leurs besoins. Une de mes voisines adore ses plantes. Par la porte de sa cuisine, je peux la voir lavant les feuilles, les humectant, leur donnant leur ration de soleil quotidien. En la regardant, j'ai souvent pensé en moi-même : « Voilà une femme qui aime réellement ses plantes. »

Un jour, je l'ai rencontrée et elle m'a invitée chez elle. Je ne pense pas avoir jamais vu de plantes aussi bien portantes de ma vie, même dans ma pépinière. Il y avait un dieffenbachia plantureux, partageant son pot avec un dracæna.

Quand je lui ai demandé pourquoi elle avait planté ces plantes ensemble, elle m'a répondu : « Le dieffenbachia n'allait pas très bien, et il m'est venu à l'idée qu'il devait se sentir seul. »

Ses instincts sont bons, même si ses raisonnements ne le sont pas. En réalité, le pot était trop grand pour une plante seule. Mais quand une autre plante a été installée avec elle dans le pot pour partager l'espace des racines, le dieffenbachia a stoppé immédiatement la production de racines et a commencé à produire des feuilles. Pour soigner vos plantes, vous devez faire attention à leurs besoins en luminosité, eau, humidité ambiante et température.

Lumière

COMME toutes les plantes poussaient jadis à l'extérieur, on pourrait imaginer qu'elles ont pour tout besoin la lumière du soleil. Mais ce n'est pas entièrement vrai. Les plantes tropicales poussant sur le sol des grandes forêts sont habituées à la lumière qui filtre à travers l'obscurité perpétuelle. Une lumière trop vive pourrait les tuer. Je vous donne une règle très simple à appliquer : une plante au feuillage vert pâle demande moins de lumière que celle dont le feuillage est vert foncé. La somme de luminosité est probablement le besoin le plus important d'une plante. Tant bien que mal, elle arrive à pousser même si le sol est trop ou trop peu arrosé, mais si vous donnez trop ou trop peu de lumière, elle déclinera rapidement.

Rassemblez vos souvenirs scolaires : la photosynthèse est l'opération par laquelle les feuilles colorées en vert par la chlorophylle transforment les éléments primaires (oxygène et éléments du sol) en matières directement assimilables : amidon, puis sucre. La plante est un véritable laboratoire de chimie.

La lumière est meilleure en hiver quand le soleil se couche plus bas dans le ciel et arrive plus tôt dans vos pièces. En été, le soleil monte plus haut et vos plantes risquent de s'allonger. Quand les plantes s'allongent, elles poussent hautes et minces, avec des entre-nœuds de plus en plus longs. Si cela arrive, augmentez la luminosité avec une lampe à plantes. Une lumière de 150 watts, fixée à un crochet en métal avec un boulon, agit sur les plantes qui ont besoin de soleil. Il y a une gamme complète de lampes à grand spectre disponibles actuellement pour les jardins intérieurs qui peuvent transformer un espace considéré comme trop sombre pour les plantes, en jardin.

Température

Les plantes d'appartement poussent à une température variant de 15,5° à 26,5°. Il est sage de se le rappeler pendant l'hiver quand le chauffage est au plus fort.

Vos plantes pousseront en pleine santé si vous apprenez à imiter la nature. Permettez à votre appartement de devenir plus froid la nuit. Une différence de 12° est très importante pour vos plantes. C'est la chaleur de nos appartements en hiver qui fait nos plantes d'intérieur.

Si la chaleur est accompagnée par de l'humidité (comme sous les Tropiques ou dans une serre), vos plantes fleuriront. Sans humidité, les plantes ont des difficultés à survivre, aussi humectez le plus fréquemment possible quand le chauffage marche.

Eau

Tout dépend de la température de votre pièce et de la somme de lumière disponible. Aussi, je n'aime pas donner de conseils d'arrosage. J'ai dit une fois qu'il était préférable de sous-arroser que de sur-arroser, ce qui a un sens tant qu'une plante n'est pas réellement fragile (car un jour supplémentaire sans eau pourrait la tuer). Mais en général, vous avez plus de chance de tuer votre plante en l'arrosant trop qu'inversement. Il est très difficile de dire si une plante a besoin d'arrosage simplement par l'observation, car un « j'ai soif » pour une plante peut dire juste l'opposé pour sa voisine.

Apprendre à connaître les particularités de vos plantes est la seule façon de les arroser avec succès. Certaines demandent à rester humides, d'autres ont besoin de sécher entre deux arrosages. Il existe sur le marché différents modèles d'indicateurs d'arrosage que vous plantez dans la terre. Ils peuvent au moins vous donner une deuxième opinion. Les glaçons permettent d'arroser vos plantes suspendues sans vous mouiller. Ils sont indispensables pour arroser des plantes aux racines touffues ; la glace fond lentement, donnant à la plante une chance d'absorber l'eau. Ne vous inquiétez pas si les glaçons gèlent votre plante, car ils fondent à la température de la pièce.

Humidité

Nous avons tous des maisons trop chauffées, nos plantes en souffrent. Il y a plusieurs façons de compenser le manque d'humidité.

- *Vaporisez de l'eau* au moins une fois par semaine. Cela fournit une humidité supplémentaire dont la plupart des plantes ont besoin (à l'exception des plantes poilues qui peuvent se ramollir si leurs feuilles sont humides).
- *Vos plantes se plaisent dans votre salle de bains.* C'est à cause de la buée provoquée par la douche. Les boutures sur la tablette près de l'évier poussent invariablement deux fois plus vite, si vous les arrosez comme je le fais. Les plantes aiment la buée, aussi essayez de mettre une plante récalcitrante dans la douche et voyez comment elle commence à pousser avec plus de luxuriance.

Soucoupes et plateaux

- *Une autre façon de donner de l'humidité* est de remplir des soucoupes ou des plateaux sur lesquels se tiennent les pots, en les posant sur des cailloux. Ajoutez de l'eau, ainsi les cailloux seront à moitié immergés. La base de vos pots sera sur les cailloux secs, mais l'eau sous les cailloux s'évapore doucement, créant de l'humidité autour des plantes.

Fertilisation

Comme pour l'arrosage, quelques plantes en ont besoin plus que les autres. Comme règle de base, une fois par mois, je fais une solution concentrée de fertilisant. Pour les plantes suspendues, je fais une solution de fertilisant que je fais geler dans des glaçons. J'utilise six glaçons par plante une fois par mois, inutile d'en donner plus. Je garde ces fournitures dans le congélateur.

● *Dormance :* la plupart des plantes d'appartement viennent des Tropiques, où elles connaissent une saison sèche de quatre mois (coïncidant avec notre hiver) durant laquelle, par manque de pluie, elles sont forcées de développer leurs dispositions de dormance pour survivre (comme certains animaux dorment tout l'hiver par manque de nourriture). Quand la plante est au stade de dormance, elle doit être arrosée rarement et non fertilisée. Observez la règle suivante : vous devez fertiliser seulement une plante en activité.

Si vous fertilisez une plante en dormance, vous brûlerez ses racines, car seule une plante qui pousse, peut utiliser cette nourriture. Vous ne mangez pas en dormant, vos plantes non plus.

Les plantes bulbeuses comme les cyclamens, caladiums et bégonias, ont un cycle défini de pousse et de repos.

Dès qu'elles arrêtent la floraison et perdent leurs feuilles, elles entrent dans le cycle de dormance. C'est le moment d'arrêter la fertilisation et l'arrosage, peu à peu, jusqu'à leur donner une cuillerée toutes les deux semaines, juste assez pour les empêcher de se rider. Cette période peut durer deux à trois mois. Dès que de nouvelles pousses apparaissent, arrosez à nouveau et fertilisez.

● *Plantes fleuries :* les géraniums se porteront mieux s'ils sont fertilisés seulement pendant la période des bourgeons. Autrement, vous aurez beaucoup de belles feuilles et pas de fleurs. Lorsqu'ils sont en floraison, ils peuvent être alimentés une fois par mois. De leur côté, les fuchsias peuvent être nourris toutes les une ou deux semaines pendant la floraison, cela favorise la floraison. Toutes les plantes en bourgeons ont besoin d'être fertilisées, deux fois plus souvent qu'à une autre étape de la pousse.

● *Lessivage :* une croûte blanche peut se former sur les bords du pot : vous avez trop fertilisé et la plante est incapable d'absorber tous les minéraux. Lessivez votre pot, lavez à grande eau les sels.

Placez votre plante dans la baignoire ou sur l'évier et arrosez-la doucement. Laissez l'eau traverser la plante et ressortir par le trou. Répétez ce processus cinq fois : les sels seront entraînés hors du sol, comme le fertilisant est parti par ce procédé ; donnez à votre plante un fertilisant avant de la remettre dans la salle à manger.

Si vous vivez dans un endroit où l'eau est très calcaire, une couche blanche se formera sur vos pots, que vous fertilisiez ou non. Dans ce cas, si vous le pouvez, arrosez vos plantes avec de l'eau distillée.

Rempotage

C'est le terme utilisé pour expliquer le transvasement d'une plante de son pot dans un pot légèrement plus grand. Cela devient nécessaire lorsque la plante est soulevée par le paquet des racines en boule touffue. Plusieurs signes vous l'indiquent : les racines commencent à sortir par le trou du fond ou bien apparaissent à la surface du sol ; l'eau part directement par le trou lorsque vous arrosez, le tesson étant soulevé par les racines, ou au contraire, elle refuse de descendre, les racines ayant rempli complètement le pot. Ces plantes doivent être rempotées dans des pots d'une taille supérieure à l'ancienne. Mais attention ! Vous pouvez arrêter la pousse en les rempotant dans des pots trop grands... Rappelez-vous la loi de Mme Parkinson : *l'expansion des racines est directement proportionnelle à l'espace disponible pour elles.*

Beaucoup de plantes, particulièrement celles en boutons, semblent être mieux quand elles ont les racines emmêlées. Les géraniums en sont un exemple simple : les miens ne fleurissent pas tant que le pot ne serre pas les racines comme un corset.

Paniers suspendus

Les paniers sont faits pour les plantes pendantes telles que le fuchsia, le davallia et l'impatiens. Les boutures sont idéales pour garnir les paniers, car elles n'ont pas un système radiculaire important et sont faciles à installer. Si vous n'avez pas de boutures, achetez de petites plantes dans une jardinerie. Elles sont vendues habituellement dans des pots de 5 à 8 cm.

Des paniers ronds en fil de fer sont disponibles en de nombreuses tailles, la meilleure étant 24 cm. Les tailles plus grandes demandent beaucoup de terre et sont plus lourdes. On trouve aussi des paniers en demi-cercle, plats derrière et arrondis devant pour les suspendre aux murs.

Vous pouvez faire un panier avec un pot en plastique de 16 à 20 cm de diamètre. Faites des trous dans le plastique. Si vos boutures ont de petites racines, faites de petits trous. Si vous avez des plants dans des pots de 5 cm, faites des trous de 5 cm. C'est une façon agréable de présenter le poinsettia. Faites quatre trous dans le pot sous le rebord et mettez vos petites plantes dans chaque trou. Placez deux plantes en plus sur le haut du pot et vous aurez ainsi une très belle potée. Les petits poinsettias miniatures sont plus adaptés à cette sorte de paniers car ils sont compacts et buissonneux.

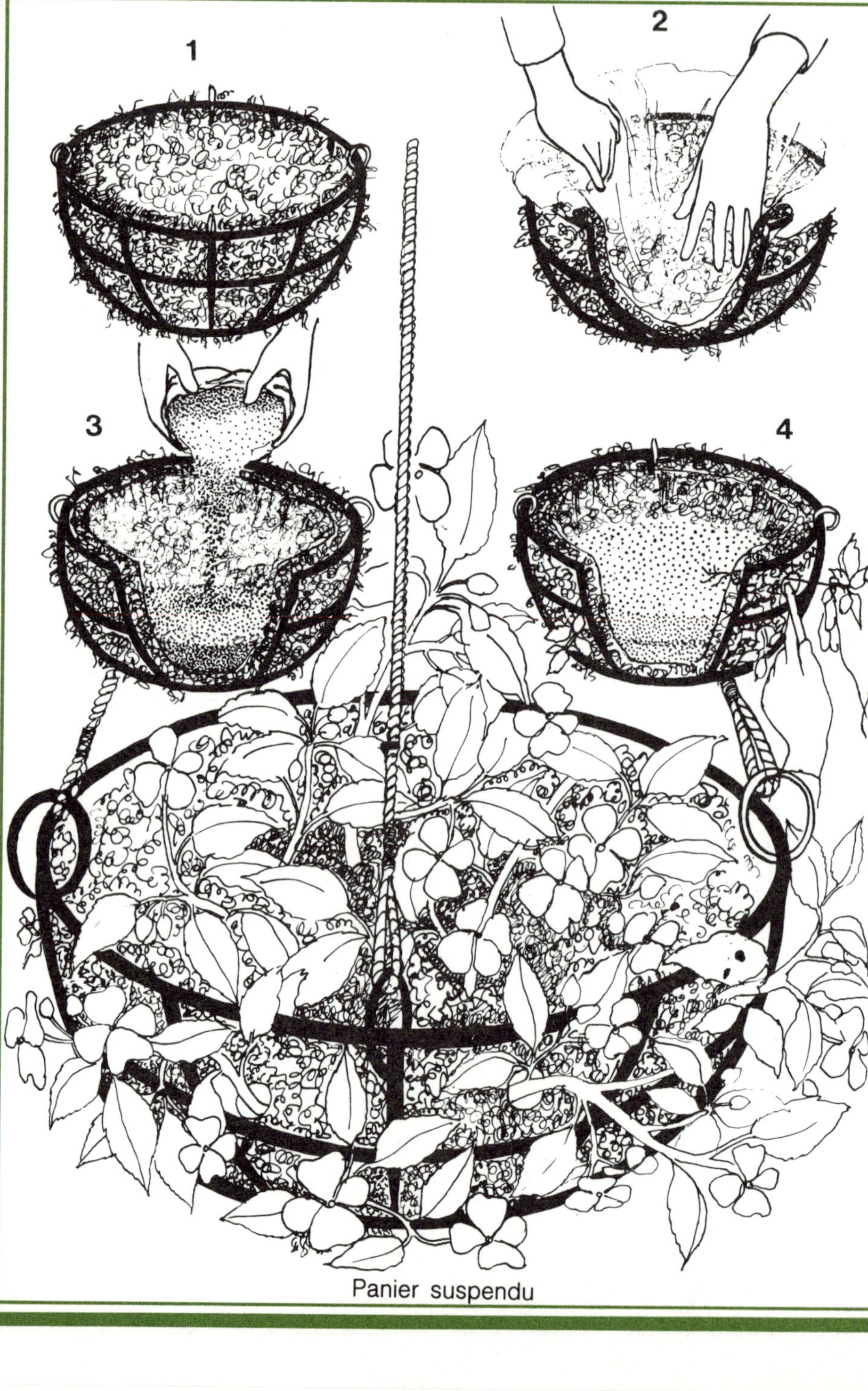

Panier suspendu

Vous aurez besoin de sphagnum, de sacs en plastique et de terre. Trempez la mousse et essorez-la *(voir dessin ci-contre)*. Doublez l'intérieur du panier avec la mousse **(1)**.

Utilisez des morceaux de fil de fer pour attacher la mousse au panier en trois ou quatre endroits, ainsi cela ne pourra glisser.

Mettez 4 cm de terre dans le fond du grand sac en plastique et placez le sac sur la mousse dans le panier en retournant le haut si nécessaire **(2)**.

Utilisez un sac en plastique comme doublure. Ne laissez pas la mousse et le sol se dessécher trop rapidement.

Avec une paire de ciseaux, percez un trou près du fond du panier à travers la mousse et le sac en plastique. Mettez-y une bouture racinée (ou une jeune plante), les racines d'abord. Attention aux racines. Ajoutez plus de terre dans la doublure en plastique **(3)**, et pressez-la tout doucement pour tenir la bouture en place. Continuez à ajouter des boutures de cette manière en faisant le tour du panier de bas en haut **(4)**.

Les boutures auront 6 à 8 cm d'intervalle. Comme vous faites des couches, ajoutez une couche de terre pour les tenir en place. Lorsque vous êtes en haut, plantez une ou deux boutures droites : cela donne l'illusion d'une plante adulte avec des boutures.

Bonnes vacances !

Si vous devez partir moins de quinze jours, vous pouvez faire de votre baignoire une serre, ce sera suffisant.

Achetez un grand sac de plastique. Ouvrez-le et étendez-le dans le sens de la longueur dans la baignoire. Mettez l'équivalent de six ou sept journaux sur la feuille de plastique et arrosez abondamment.

Plantez des tuteurs assez hauts dans les pots que vous placerez à chaque extrémité de la baignoire. Ils seront la carcasse de votre serre.

Vous aurez ainsi une feuille de plastique dans le fond de la baignoire dont les bords sont symétriques et un lit épais de papier journal bien humecté. Posez les plantes dessus et formez un paquet oblong bien hermétique soutenu par les deux tuteurs pour que le plastique ne touche pas les feuilles des plantes. Faites deux ou trois échancrures avec des ciseaux pour l'aération.

Achetez une lampe de 150 watts et suspendez-la au-dessus. Laissez-la allumée durant votre absence. Vous serez surpris de constater à votre retour à quel point vos plantes n'auront pas souffert. Pensez à les durcir pendant un ou deux jours car le changement d'ambiance pourrait les tuer. Souhaitons que vous ayez de bons voisins à la baignoire accueillante ou tout simplement une autre baignoire.

Si l'une des plantes a l'air malade, mettez-la à part dans une serre mais isolée des autres.

A mon avis, c'est le moyen le plus sûr de conservation, préférable aux arrosages intempestifs d'une voisine trop bien intentionnée.

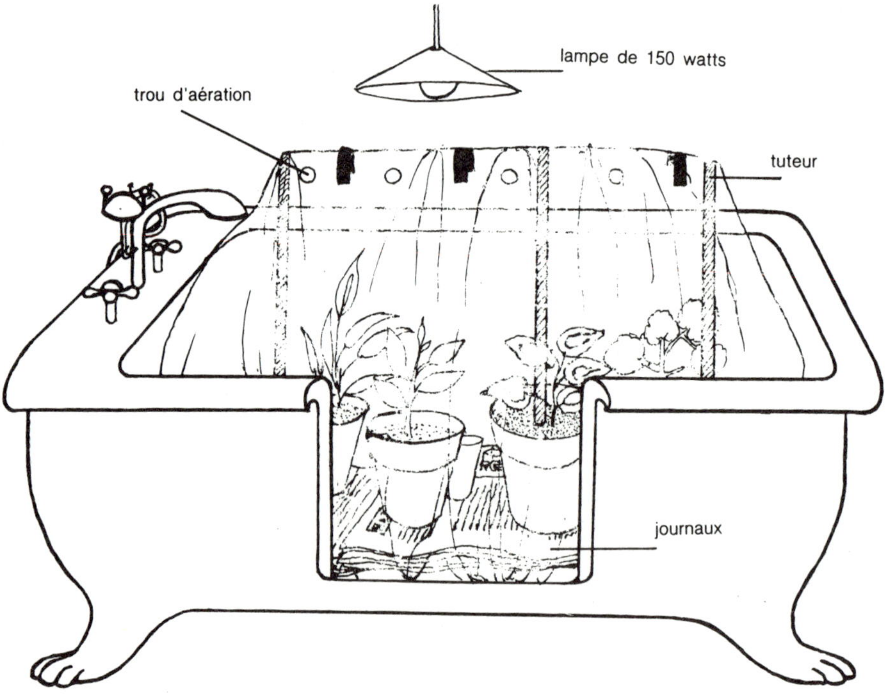

Conservez les plantes dans la baignoire

les plantes d'appartement

Aglaonéma

C'est une plante d'appartement très populaire en Grande-Bretagne et aux USA pour d'excellentes raisons : elle a de belles feuilles vertes avec des traces argentées ; ses fleurs ressemblent à celles de l'anthurium. Si les feuilles sont de couleur vert foncé, ceci est le signe que la plante n'a pas besoin de lumière vive. Cependant, dès que je la mets sur le bord de la fenêtre, elle se redresse immédiatement et produit des fleurs.

Lorsque les plantes sont jeunes, les tiges émergent directement du sol. Lorsqu'elles grandissent, elles sont attachées à un « tronc » central, assez épais. Les feuilles les plus basses deviennent souvent jaunes et tombent. Reste alors une longue tige dénudée avec un bouquet terminal de feuilles.

Cette plante donne souvent des rejets. Prélevez-les avec un couteau pointu pour les faire raciner dans l'eau.

Cependant, si votre plante grandit et que vous avez ôté tous les rejets qui protègent la tige, vous devez agir vite. Coupez le bouquet terminal de feuilles avec 6 cm de tige. Placé dans l'eau, il formera facilement des racines. En fait, beaucoup de gens ne l'empotent pas dans la terre tant il pousse bien dans l'eau.

Boutures de tige. Vous avez donc une souche assez laide avec une tige longue et dénudée. Coupez un morceau de 6 cm.

Obturez un pot et emplissez-le avec un mélange moitié sable et moitié terre. Placez les morceaux de tige à plat sur la terre et enterrez-les à moitié. Couvrez le pot d'une feuille de plastique tenue par un élastique serré autour du pot. Mettez le tout sur la yaourtière. Les boutures de tige sont assez difficiles à réaliser. Parfois, la vieille tige a oublié comment cela se faisait. Mais avec une chaleur de fond et une serre, vous avez une chance de remettre votre vieille plante en activité. Après l'avoir découpée, il vous reste un morceau de tige de 2,5 cm. Ne le jetez pas encore : vous avez une chance d'avoir un ou deux rejets de chaque côté du fragment. Mettez-le dans un endroit où vous l'oublierez et attendez un mois ou deux pour voir.

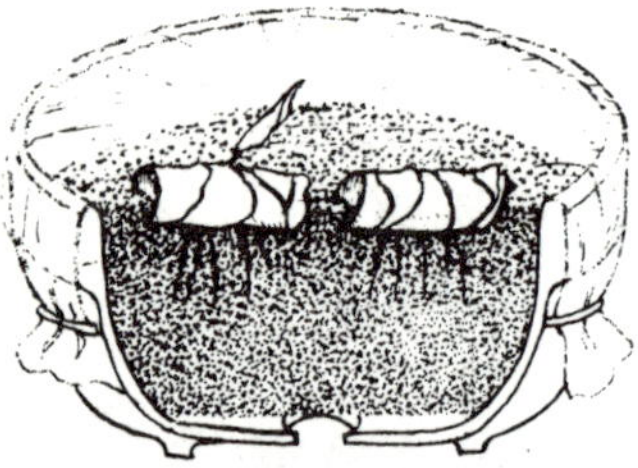
Bouture d'une tige d'aglaonéma

S'il reste stationnaire en dépit des arrosages et de votre surveillance, votre fragment peut partir vers d'autres horizons. Jetez-le et lavez le pot. Mais ne le faites pas trop tôt. Étêter une plante de cette manière demande beaucoup de confiance. Pensez intérieurement que vous créez une plante ; vous ne la mutilez pas.

Donnez une bonne ambiance à votre pensionnaire. A partir d'une plante vieille et usée, vous pourrez ainsi faire deux ou trois nouvelles plantes.

Aloès

L'aloès est une plante grasse de la famille des liliacées. Il en existe plus de 200 espèces, de toutes tailles (de 20 à 25 cm jusqu'à la taille d'un arbre). L'aloès est originaire d'Afrique du Sud où les saisons sont inversées par rapport aux nôtres. Vous pourriez penser que depuis des années l'aloès a pu s'adapter au nouveau cycle des saisons. Il n'en est rien ! Ils fleurissent toujours pendant leur été qui est notre hiver. Leurs fleurs sont les bienvenues en ce temps où le printemps semble si long à revenir !

L'aloès a des feuilles charnues qui poussent en rosette. Elles peuvent être striées ou tachetées, avec ou sans dents aiguës. *Aloe variegata,* connu en France sous le nom de « bec-de-perroquet », présente des feuilles en gouttière au-dessus, carénées au-dessous. Elles portent de larges taches blanches sur des bandes vert foncé. Leurs bords sont denticulés. Les fleurs rouges apparaissent en grappes légères dans le haut de la plante, de fin janvier à juin.

Aloe vera a une sève utilisée pour le traitement des brûlures. J'en ai acheté une fois une bouteille, pensant qu'il s'agissait d'une lotion pour la peau. Rien ne se passa jusqu'à épuisement de la bouteille. Au moment d'en acheter une autre, en jetant un coup d'œil discret sur l'étiquette, je pus lire : *« Prendre 2 cuillerées à café après le repas. »* Cela pour confirmer l'avis de mon docteur : *« Ne mettez jamais rien sur votre peau que vous n'aimeriez manger. »*

L'aloès se propage par ses rejets. Ils se forment à la base de la plante-mère. Ils peuvent être coupés avec un couteau aiguisé et mis de côté pendant un ou deux jours, afin de leur permettre de cicatriser leurs blessures. Les feuilles d'aloès agissent comme un réservoir d'eau. Les rejets ne peuvent ni flétrir ni mourir.

L'aloès aime les sols secs. Vous pouvez utiliser un mélange moitié sable, moitié terre. Placez doucement le rejet dans la terre, laquelle peut être humide mais pas détrempée pour que les racines ne pourrissent pas. Votre petite plante appréciera la meilleure lumière de la maison.

Ananas

L'ananas est une broméliacée, une de ces plantes qui vivent sur les arbres dans la forêt et qui, ayant des racines peu profondes, prennent leur nourriture de la pluie tropicale. C'est une chose à se rappeler quand vous faites pousser un ananas. La seule façon de le nourrir est de lui donner régulièrement un fertilisant à faible dose.

Couper la couronne

Enracinement du collet. Lorsque vous achetez un ananas pour le manger, tirez sur les feuilles de la couronne. Si l'une d'elle s'en va facilement, l'ananas est mûr et prêt à être mangé. Une fois rentré chez vous, coupez la couronne avec 4 cm de fruit. Au bout de 24 heures, elle aura produit un cal, ce qui évitera une perte d'humidité.

Obturez un pot large et peu profond. Faites un mélange de 3/4 de terre et 1/4 de sable avec une poignée de tourbe qui apporte de l'acidité. Enterrez le morceau de fruit. Arrosez avec un mélange de fertilisant étendu au 1/8 de sa dose habituelle, deux fois par semaine. Arrosez au moins une fois par jour. Si le sol semble se dessécher, ajoutez doucement de l'eau autour du pot, mais jamais sur l'ananas car il risque de moisir. Votre plante poussera très lentement. Mais alors que le brómélia développe de belles fleurs, il est très rare que l'ananas fleurisse à l'intérieur. Cependant, il émet des pousses à la base, ce qui donne à la plante une forme plus intéressante. Si votre plante émet plus d'une pousse, vous pouvez faire une nouvelle plante. La pousse émerge de dessous la surface du sol. Coupez-la avec ses racines et plantez-la dans le même mélange terreux que la mère.

Enterrer la couronne

Anthurium

Il appartient à l'une des plus grandes familles des plantes d'appartement. Vous reconnaîtrez immédiatement la fleur même si vous ne l'avez vue que dans des arrangements floraux secs. Elle a une spathe rouge brillant, très spectaculaire, qui semble vernie. A cause de son habitat d'origine, la forêt tropicale, il lui faut une fenêtre ne recevant pas directement les rayons du soleil. Il doit être arrosé et bassiné constamment.

L'anthurium est connu sous le nom d'*Anthurium Andreanum,* souvent confondu avec *Anthurium Scherzerianum.* Cependant, tous les deux ont des fleurs superbes et deux autres, *Anthurium crystallinum* et *Anthurium Veitchii*, ont de très belles feuilles.

Anthurium Andreanum pousse à partir d'un rhizome central qui émet des racines aériennes. Celles-ci pendent de la tige. On multiplie cette plante par rejet qui se forme au niveau du sol. Dépotez délicatement la plante, séparez le rejet de la plante-mère. Ils peuvent avoir des racines communes. Obturez un petit pot, remplissez-le de terre et plantez votre rejet.

Couvrez avec un pot de confiture pendant quelques jours jusqu'à ce que le danger de flétrissement soit passé. Arrosez avec de la vitamine B_1 en solution. Durcissez votre petite plante en soulevant peu à peu le pot de confiture jusqu'à ce que l'air à l'intérieur du pot ait la même température et la même humidité que l'air ambiant.

Aphélandra

Faire un trou dans la vermiculite avec un bâton

L'aphélandra est parfois appelé la plante-zèbre à cause de ses feuilles vertes et blanches. C'est une plante sensationnelle que vous avez peut-être reçue en cadeau. C'est une plante coûteuse. Aussi êtes-vous navré de lui voir perdre toutes ses feuilles basses.

Mais attention, cette plante a commencé sa vie dans les jungles brésiliennes pour la finir chez vous. L'aphélandra aime la chaleur de votre maison, mais a aussi besoin d'humidité ambiante. Donnez-lui de la buée deux fois par jour en le mettant, sur des cailloux, dans l'eau ou dans la salle de bain lorsque vous prenez une douche.

Boutures de tige. Vous avez maintenant une tige nue et une houppe de feuilles. Faites une bouture en coupant la houppe avec 8 cm de tige. Préparez un pot de 12 cm de diamètre, empli de vermiculite. Avec un bâton, ménagez un trou dans le centre, avant d'y placer la tige. Arrosez avec de la vitamine B_1 en solution.

Assurez l'humidité en mettant le pot dans un sac de plastique ou en le recouvrant avec un pot de confiture, comme une cloche, assez grand pour qu'il ne touche pas les feuilles. S'il y a trop d'humidité, faites de petits trous dans le sac ou soulevez le pot de confiture et mettez un petit caillou sur le rebord du pot. Les racines se forment en quatre ou six semaines. Vous pouvez alors l'empoter dans la terre.

Pour durcir la plante, après une période de cinq jours, faites des trous de plus en plus nombreux dans le sac en plastique jusqu'à ce qu'il soit ouvert à moitié. Laissez entrer de plus en plus d'air dans le pot de confiture en le soulevant chaque jour un peu plus.

Si pour la plupart des plantes, le meilleur moment pour faire des boutures est le printemps, pour celle-ci, faites-le en automne si vos plantes semblent dénudées à ce moment-là. On peut faire des boutures de tige en toutes saisons.

La nouvelle plante durera neuf mois. Si elle fleurit, vous aurez beaucoup de chance. Ensuite, elle perdra à nouveau toutes ses feuilles du bas. Il vous restera à recommencer depuis le début.

Bouture sous plastique

Asparagus

On pense, à tort, que l'asparagus est de la même famille que les fougères. Il est de la famille des liliacées.

Asparagus Sprengeri, le plus connu, pousse habituellement dans un panier suspendu d'où il retombe de façon spectaculaire. Son feuillage est fait de petites feuilles fines vert brillant. Il porte des grappes de fleurs blanches puis des baies rouges. Les graines plantées dans de petits pots donneront de nouvelles plantes.

Asparagus plumosus est une espèce au feuillage si léger que les fleuristes l'utilisent pour les bouquets. C'est une plante à tige frêle portant de nombreuses ramifications étalées en hauteur. Elle produit aussi de petites fleurs blanches puis des baies noires qui peuvent être semées comme des graines.

Asparagus asparogoides est aussi utilisé par les fleuristes. Ses fleurs produisent des graines qui peuvent être semées.

Division. L'asparagus est de croissance rapide et peut souvent se diviser. Toutes les variétés se multiplient de la même façon.

Sortez votre plante hors du pot. La touffe des racines ne retient pratiquement pas de terre.

Séparer les racines avec deux fourchettes

Je me suis souvent demandé ce qu'était devenue la terre : est-il possible que les racines la mangent ?

Prenez deux fourchettes et séparez la motte de terre en deux parties. Répartissez les tiges des deux côtés.

Prenez un couteau aiguisé et coupez les racines.

Chaque segment peut être empoté dans un pot plus petit que celui de la plante-mère.

Asplénium

Cette fougère très connue ressemble à un bromélia. Elle pousse à partir d'une rosette centrale mais ses feuilles ne sont pas divisées comme les frondes des fougères.

C'est une plante charmante à l'état jeune avec ses feuilles vert pâle et ondulées. Elle peut atteindre 75 cm de hauteur.

L'asplénium se multiplie lui-même en faisant des rejets à la base. Ceux-ci peuvent être prélevés avec un couteau pointu. Coupez le rejet avec une partie des racines de la plante-mère pour assurer un bon démarrage.

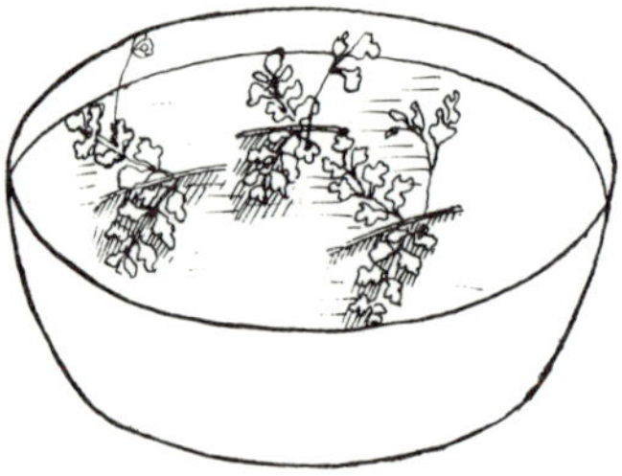

Morceaux de fronde racinant dans l'eau

Dépotez la plante et repérez l'endroit où se forment les racines des rejets et l'endroit où elles se joignent à celles de la mère. Coupez à cet endroit. Plantez-la dans un pot empli de vermiculite préparée, assez profond pour maintenir les racines sans les abîmer. Couvrez le pot avec un pot de confiture. Mettez le tout sur une yaourtière.

En deux semaines, votre plante émet de nouvelles racines assurant l'alimentation du jeune plant. Vous pouvez alors la sortir de la yaourtière.

Durcissez votre plante en soulevant le pot de confiture progressivement. Rempotez la nouvelle plante dans un pot de même taille.

Transplantation dans de petits pots de terre

Asplenium bulbiferum. Cette fougère est vivipare : elle produit de jeunes rejets sur les feuilles et des graines. C'est une fougère délicate ayant un peu la forme de la carotte. Les jeunes plantes poussent sur le tranchant de la feuille. Il faut une bonne vue pour les voir.

Pour multiplier cette fougère, découpez une fronde en plusieurs morceaux. Mettez-les à plat dans l'eau. Chaque petit morceau formera des racines. Dans quelques semaines, ils seront transplantés dans de petits pots de terre. Vous pouvez aider le processus de pousse en utilisant une lampe. Ajoutez quelques feuilles décomposées dans la terre du pot. La plante poussera mieux dans un sol poreux, maintenu toujours humide.

Azalée et chrysanthème

Ces deux plantes sont souvent offertes en cadeau. Toutes deux ont une floraison courte mais spectaculaire. Ensuite, elles semblent presque mortes. Attention à ne pas s'en débarrasser : dans de bonnes conditions, vous pouvez leur donner des soins pour les faire fleurir à nouveau. Vous pouvez aussi prélever des boutures et en faire de nouvelles plantes.

Azalée. L'azalée fleurit très longtemps à l'intérieur si vous la gardez dans une pièce fraîche. Quand les fleurs sont mortes, ôtez-les. Prenez des boutures de tige dans le bois souple (flexible et vert). Trempez du sphagnum dans l'eau. Essorez-le et enveloppez chaque tige dans un nid, comme pour un marcottage aérien. Couvrez avec une feuille de papier et fermez en haut et en bas. Assurez-vous que la mousse ne puisse sécher. Placez les tiges avec leurs racines dans une serre pendant six à huit semaines. Lorsqu'elles ont raciné, durcissez-les avant de les planter en terre. L'azalée doit rester au frais pendant l'été : un porche ombragé fait l'affaire. Elle doit rester au frais durant l'automne (10°). Si vous placez l'azalée à l'intérieur en décembre, elle croira que le printemps est arrivé et fleurira. Elle doit être bien nourrie pendant cette période et bien arrosée. Elle apprécie la buée pendant sa floraison.

Chrysanthème. L'essentiel est de le placer dans un endroit plus froid que la maison, avec une température de 7° maximum. Votre plante doit recevoir de la lumière. Arrosez-la peu : une petite tasse par semaine.

Dès que le printemps arrive, la plante démarre. Prenez des boutures de tige ayant au moins trois yeux. Placez-les dans l'eau. Lorsqu'elles ont raciné, plantez-les dans la terre. Mettez-les sous serre et arrosez-les avec une solution de vitamine B_1. La plante-mère peut être replacée dans la maison, à bonne lumière et avec une alimentation régulière. Rempotez-là dans un pot plus grand au premier signe de démarrage. Taillez les boutures en les pinçant chaque fois qu'elles poussent afin d'avoir des plantes trapues.

Balsamine

C'est une plante merveilleuse à multiplier.

Elle peut avoir deux aspects : l'une pousse droite avec des tiges vigoureuses ; l'autre s'éparpille avec des tiges fines et menues. Aussi serez-vous très attentif pour le choix de vos premières boutures. Il est judicieux de chercher aux alentours une plante-mère vraiment solide. Celle-ci pousse habituellement à l'extérieur. Cherchez une tige vigoureuse et dure avec des feuilles vert profond. Mes premières boutures venaient d'une amie qui avait eu les siennes dans l'île Catalina sur la côte californienne où les plantes apprennent à travers le chaud soleil et la brise marine à survivre. Maintenant, deux ans après, mon jardin en est recouvert. J'ai rempli un nombre incalculable de paniers suspendus et j'ai fourni tous mes amis en boutures. Il y a deux façons de multiplier cette plante, toutes deux avec un égal succès.

Boutures de tête dans l'eau. Coupez la tête avec à peu près 12 cm de tige. Si votre plante a beaucoup poussé, cassez la tige en plusieurs morceaux. Ceux-ci pourront aussi raciner. Mettez les boutures dans une bouteille d'eau placée dans un endroit éclairé. Parfois, les boutures deviennent gluantes. Jetez-les. Mais, si vous avez une plante-mère saine, vous aurez des enfants heureux et sains avec des tiges droites qui racineront en deux semaines.

Attendez que les racines aient au moins 2 cm de long avant de les rempoter dans la terre. Deux ou trois tiges ensemble dans un pot de 12 cm vous donneront une très belle plante. Pincez-les constamment pendant leur première jeunesse, pour les forcer à faire des tiges au niveau du sol. Les boutures racinées dans l'eau fanent toujours lorsqu'elles sont transférées dans la terre. Arrosez votre plante avec de la vitamine B_1 en solution. Mettez-la dans une serre en plastique immédiatement. Elle revivra en quelques jours. Durcissez ensuite doucement la plante.

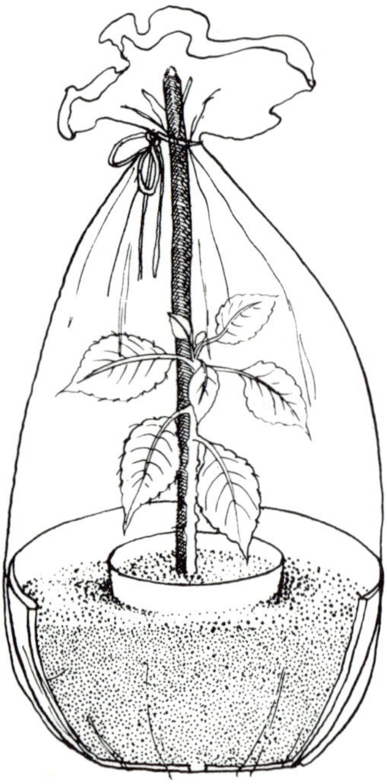

Bouture de tête
dans un pot à deux étages

Boutures de tête dans un pot à deux étages. Remplissez un petit pot en tourbe avec de la vermiculite. Ensuite, mettez-le dans une terrine à bulbe plus grande remplie de terre. La bouture de tête est mise dans la vermiculite humide. Placez le double pot dans une serre en plastique. Les boutures faneront la première semaine mais elles s'adapteront à leur nouveau milieu et reprendront doucement. Dès que leurs tiges sont à nouveau rigides, elles peuvent être durcies.

Les boutures forment des racines dans la vermiculite et peu à peu poussent à travers le pot en tourbe qui se désagrège, en ajoutant de la nourriture à la terre. Avec cette méthode, le rempotage est inutile. Le pot à deux étages est son domicile définitif. Les boutures doivent aussi être pincées régulièrement pour les épaissir. Elles exigent beaucoup de soleil. Le nombre de fleurs est proportionnel au degré d'ensoleillement. S'il n'y a aucun signe de fleurissement, mettez-les sous une lampe : vous verrez la différence.

Le nom botanique *Impatiens* fait allusion à sa charmante habitude de s'ensemencer dans les pots voisins. Toutes les plantes de l'entourage deviennent une cible. Cette année, le plectranthus, surpris, s'est découvert des fleurs rouges de sa voisine, une balsamine de l'an dernier.

La balsamine est appréciée des serpents à cause de sa tige succulente et charnue. Donc, si vous placez vos balsamines à l'extérieur, méfiez-vous !

Bégonia

Le nom bégonia désigne un très grand nombre d'espèces, plus de 1 300, importées des régions chaudes et humides du globe. Depuis le XVII siècle, ils sont cultivés et hybridés pour donner des variétés horticoles et des races dignes de notre admiration. Les bégonias tubéreux sont parmi les plus beaux. Ils ont des coloris magnifiques. On les utilise beaucoup dans les paniers suspendus ou dans les jardinières en garniture pour les balcons et terrasses.

Begonia elatior est presque aussi joli que le bégonia tubéreux mais il a l'avantage de très bien tenir à l'intérieur.

Begonia semperflorens est très joli avec ses feuilles rondes et brillantes et des fleurs roses, blanches et rouges. Il fleurit tout le long de l'année comme l'indique son nom. Ses feuilles, vertes en hiver, deviennent rouges en été si vous le mettez dehors au soleil.

Pour garder les bégonias en forme, coupez-les lorsqu'ils commencent à être noueux. Il vous reste une bouture de tige qui a tendance à se briser. Vous pouvez utiliser un pot « deux étages ». Ainsi, vous n'aurez pas à les rempoter dans une étape ultérieure. Pour ce faire, prenez un pot en tourbe rempli de vermiculite que vous introduisez dans une terrine à bulbe plus grande remplie de terre. La bouture forme des racines dans la vermiculite et poussera éventuellement à travers les parois du pot en tourbe dans la terre. Placez le pot dans une serre (un sac en plastique) soutenue par un bâton pour éviter que le plastique touche les feuilles. Déposez le tout sur la yaourtière pour un chauffage de fond. Ces boutures ont besoin d'une bonne lumière brillante pour former leurs racines. Après un mois, sortez la nouvelle plante de la yaourtière et durcissez-la en ouvrant le plastique doucement.

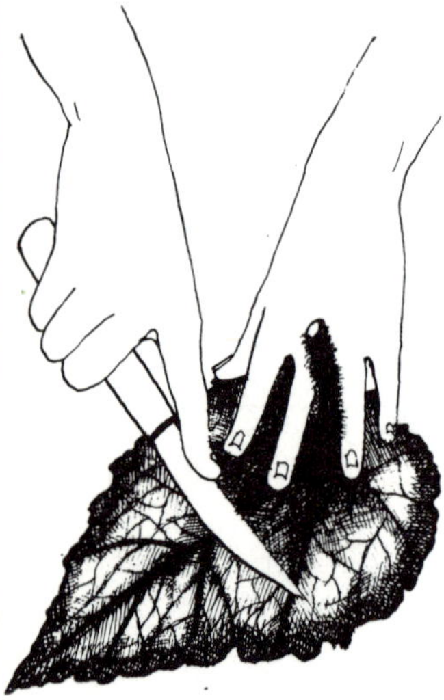

Bouture de feuille :
Inciser les nervures sur feuille retournée

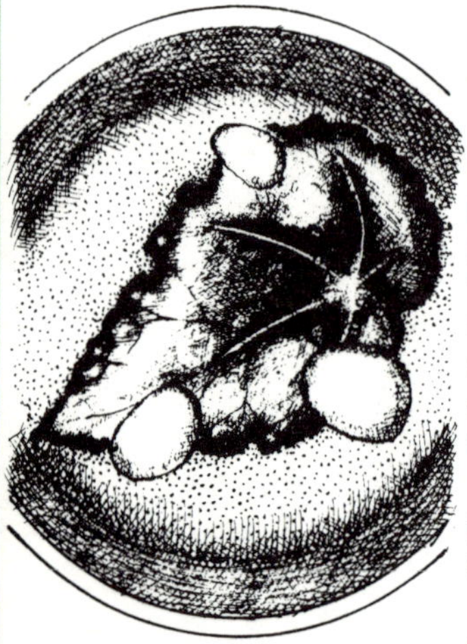

Poser la feuille à l'endroit sur le sable. La fixer avec des cailloux

Les bégonias « ailes-d'ange » sont des bégonias fibreux avec une tige cannée. Ce sont de gros bégonias. Ils sont ainsi nommés à cause de leurs feuilles tombantes. Leur tige est plus dure que celle du *Begonia semperflorens.*

Pour multiplier les ailes-d'ange, prenez une bouture de tige de 10 cm et faites-la raciner dans l'eau ou la vermiculite. Lorsque les racines sont formées dans l'eau, vous devez faire attention au flétrissement quand vous plantez la bouture dans la terre à cause des racines très petites.

Donnez-lui de la vitamine B_1 pour éviter le choc. Mettez la plante dans une serre (sac de plastique) pendant une semaine. Si la tige et les feuilles deviennent fermes, vous pouvez durcir la plante graduellement. Lorsque la pousse des racines se fait dans la vermiculite, la tige peut se tenir droite sans soutien. Les racines se forment en quatre ou six semaines, les boutures peuvent alors être empotées.

Bégonias à rhizome. Les bégonias poussent à partir d'un rhizome cicatrisé. C'est une tige épaisse et charnue poussant au-dessus de la surface. Elle émet des racines dans la terre. Le rhizome stocke l'eau dans sa tige épaisse. Aussi n'arrosez pas trop, la plante peut pourrir.

J'ai eu ma bouture chez une voisine. Je n'avais jamais rien vu de pareil. Ignorant son nom, j'ai regardé dans *Exotica,* l'encyclopédie anglaise des plantes exotiques. J'ai trouvé, parmi 1 200 variétés, le bégonia 'Ricky Minter'.

Celui-ci a des feuilles vert foncé et ridées, assez larges. Au printemps, il émet de magnifiques branches portant des fleurs roses.

Bouture de tige. Lorsque l'un des rhizomes a perdu la plupart de ses feuilles basses, j'ai décidé de le multiplier par bouturage d'un morceau de tige muni d'une touffe de feuilles. J'ai obturé un pot peu profond. Je l'ai empli à moitié de terre et à moitié de sable afin d'obtenir un bon drainage. J'ai enterré à demi le rhizome, horizontalement dans la terre, et mis le pot dans une serre (sac plastique).

La bouture a commencé à pourrir d'une façon horrible, jusqu'à ce que j'ai l'idée d'utiliser la yaourtière pour fournir de la chaleur de fond.

C'était une bonne idée : la bouture se remit en vingt-quatre heures. Je l'ai laissée sur la yaourtière un mois. Je l'ai durcie très doucement. Au printemps suivant, mon bégonia a eu ses premières fleurs.

Bouture de feuille. Le bégonia Rex est apprécié pour ses belles feuilles, grandes et fermes. On le multiplie par ses feuilles. Une feuille peut être forcée de faire beaucoup de plants plus fins. C'est une méthode lente, mais elle vaut la peine d'être essayée.

Prenez une feuille adulte sur votre plante. Retournez-la. Vous pouvez voir les veines secondaires partant de la veine centrale. Prenez un petit couteau aiguisé et faites des incisions dans ces veines.

Retournez la feuille. Mettez-la sur la surface d'un pot peu profond empli à moitié de sable. Assurez-vous que la tige est bien mise en terre. Vous éviterez ainsi qu'elle ressorte brusquement. Déposez des petits cailloux sur la feuille pour la maintenir sur la terre.

Couvrez le pot d'une feuille en plastique. Mettez-le sur la yaourtière. De nouveaux petits plants se forment aux coupures. Quand ils ont deux feuilles, vous pouvez les transplanter dans de petits pots. Pensez à durcir vos plantes avant de les retirer de leur serre en plastique.

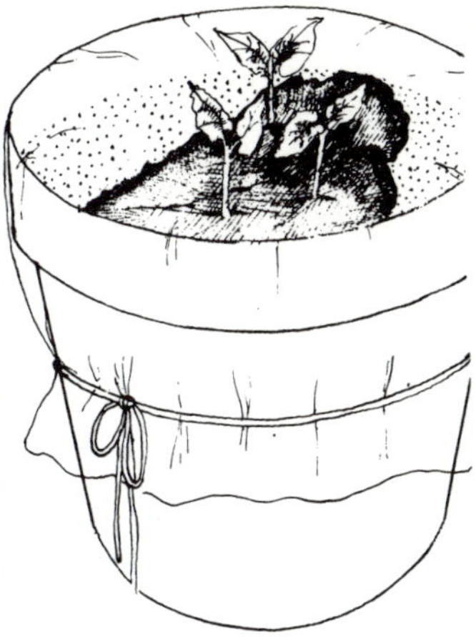

Recouvrir le pot de plastique.
De petits plants sortiront des incisions

Bromélia

J'ai essayé d'acheter un arbre bromélia. Les vendeurs se moquèrent de moi. Mais j'avais une photo d'un arbre bromélia et j'en voulais un identique. Je n'avais pas réalisé que l'arbre était en réalité un assemblage de branches mortes et que des bromélias avaient été fixés à certains endroits.

Les bromélias sont épiphytes : ils poussent aussi bien dans l'air que dans le sol de leur habitat naturel, la jungle d'Amérique du Sud. Leurs racines agissent comme des crampons, les retenant au tronc des arbres. Leurs feuilles absorbent l'alimentation venant de la pluie. Cette humidité est stockée dans le creux naturel formé à la base des feuilles.

L'*Æchmea* est le cousin de l'ananas. C'est le plus populaire des bromélias. Le plus joli est l'*Æchmea fasciata* 'Silver King' aux feuilles argentées en rosette et aux fleurs roses argentées. Les autres espèces sont : *Æchmea purpurea* avec des bandes pourpres sur les feuilles et des fleurs roses et bleues ; *Æchmea* 'Foster's Favorite' (appelé ainsi d'après Mrs Fosters) aux fleurs en pointe bleu profond.

Le *Cryptanthus,* cousin de l'*Æchmea,* porte des feuilles zonées de vert et d'argent. C'est une plante aux fleurs très belles qui durent longtemps. Cette plante doit être arrosée régulièrement. Arrosez-la deux fois par mois avec un fertilisant doux car elle se nourrit par ses feuilles. Leur milieu de culture doit être humide. Les autres broméliás connus sont *Tillandsia, Vriesia, Guzmania* et *Billbergia*.

Le broméliá se propage de lui-même par les rejets qui se forment à la base de la plante-mère. Chaque plante-mère a une seule floraison par an mais produit beaucoup d'enfants. On peut couper ces rejets avec un couteau pointu. Assurez-vous cependant de laisser au moins un rejet car, l'année suivante, celui-ci deviendra la nouvelle plante-mère.

Construction d'un arbre broméliá. Prévoyez des rejets de broméliá, des morceaux de vieux bois, différents milieux de culture et des fils métalliques.

A moins d'habiter près d'une culture d'orchidées, où vous pouvez acheter le milieu de culture tout préparé, vous devrez le faire vous-même avec des feuilles, de l'écorce déchiquetée (en petits morceaux), du sphagnum en décomposition, de la fibre d'osmonde obtenue à partir de la fougère Osmunda. Elle sera utilisée pour tenir l'ensemble des ingrédients dans une sorte de bol. Tout peut être acheté dans un magasin de plantes exotiques ou chez un fournisseur spécialisé. On peut substituer le sphagnum à la fibre d'osmonde.

Lavez la fibre d'osmonde dans l'eau et égouttez-la. Étendez-la à plat. Prenez une poignée de milieu de culture et épandez-le au centre de la fibre. Mettez votre rejet de broméliá au centre du milieu de culture. Puis enroulez la fibre autour du rejet et de la plante, en formant ainsi une sorte de bol.

Entourez les fils métalliques autour du bol. Attachez ensuite celui-ci au bois avec les fils métalliques. Cela donne au début une allure très lourde mais lorsque la plante poussera, ses feuilles pendront et cacheront la fibre. Si vous renouvelez ce processus quatre fois, vous finirez par avoir un arbre broméliá.

Cactus

Le cactus est un hôte merveilleux. Il fleurit si vous lui assurez une lumière d'appoint. Les cactus sont les plantes les plus faciles à propager, par boutures ou rejets. Ils poussent dans le sable. Tous les cactus doivent former un cal après avoir été coupés. Laissez-les au repos un ou deux jours avant de les planter.

Le plus connu des cactus est *Opuntia microdasys*. Chacune de ses « oreilles » peut être coupée pour former une nouvelle plante. Lorsque le cal est formé, composez un mélange terreux constitué de 3/4 de sable et 1/4 de terre.

Le très apprécié cactus de Noël *(Schlumbergera Bridgesii)* préfère un sol plus riche. Préparez un mélange moitié terre et moitié sable. Ce joli cactus est formé par les morceaux articulés qui poussent sur la tête les uns des autres. Coupez un de ces morceaux. Laissez se former le cal puis plantez dans un sol sableux. Vous aurez ainsi une nouvelle plante.

Ce cactus fleurira pour vous si vous le mettez dans le même placard que le poinsettia car c'est une plante sensible à la lumière. Il a besoin de longues nuits bien noires à l'automne pour former des fleurs à Noël.

La plupart des cactus viennent des régions désertiques et demandent beaucoup de lumière et un bon drainage. Même les boutures demandent très peu d'eau. Humidifiez le sol sableux lorsque vous plantez la bouture et laissez le sable se sécher complètement avant de l'arroser à nouveau. Presque tous les cactus ont des formes intéressantes. Les fleurs sont très brillantes. Mon voisin a beaucoup de cactus dans son jardin ainsi qu'un épiphyllum qui a fleuri l'an dernier alors qu'il était parti. J'ai relevé cette date pour lui. Il s'est arrangé de façon à profiter cette année de la floraison de ses belles plantes.

Opuntia microdasys

Caoutchouc

C'est une plante merveilleuse et équilibrée, souvent dénigrée, mais très populaire !

Le caoutchouc est originaire des Indes et de Malaisie, mais a été adapté à la culture en pot. C'est le pilier de tout jardin intérieur. Il y a trois façons de le multiplier.

Enracinement dans l'eau. Vous avez eu un petit caoutchouc et au bout d'un an, il atteint 60 cm avec une tige unique. Coupez le bouquet terminal avec 2 cm de tige. Maintenez-le debout dans un verre d'eau sur une fenêtre ensoleillée. Les racines se forment en quatre à six semaines et les plantes sont rempotées alors dans la terre. La plante-mère émet une pousse sur le côté juste au-dessous de la section. De cette façon, il sera forcé de fournir ses branches. Vous pouvez rempoter votre petit plant dans le même pot que sa jeune mère.

Marcottage aérien. Votre vieux caoutchouc a perdu toutes ses feuilles du bas, soit par épuisement soit par excès d'arrosage. Il est temps de le marcotter.

Faites une fente aux 3/4 de la tige, à un angle de 45°, juste au-dessus de l'endroit où vous voulez voir de nouvelles racines. Glissez un cure-dent dans la fente pour éviter qu'elle se referme sur elle-même. Nettoyez la fente avec une hormone en poudre. Prenez une poignée de sphagnum, lavez-la et essorez-la et enveloppez-en la fente. Recouvrez la mousse avec une feuille de plastique, et fermez en haut et en bas. Vérifiez que la mousse reste humide, ajoutez de l'eau avec un goutte-à-goutte au besoin. Ajoutez de la vitamine B_1 à l'eau pour aider les racines. Quand les racines apparaissent à travers la mousse, ôtez la feuille de plastique, coupez la tige sous les racines et plantez la boule de racines.

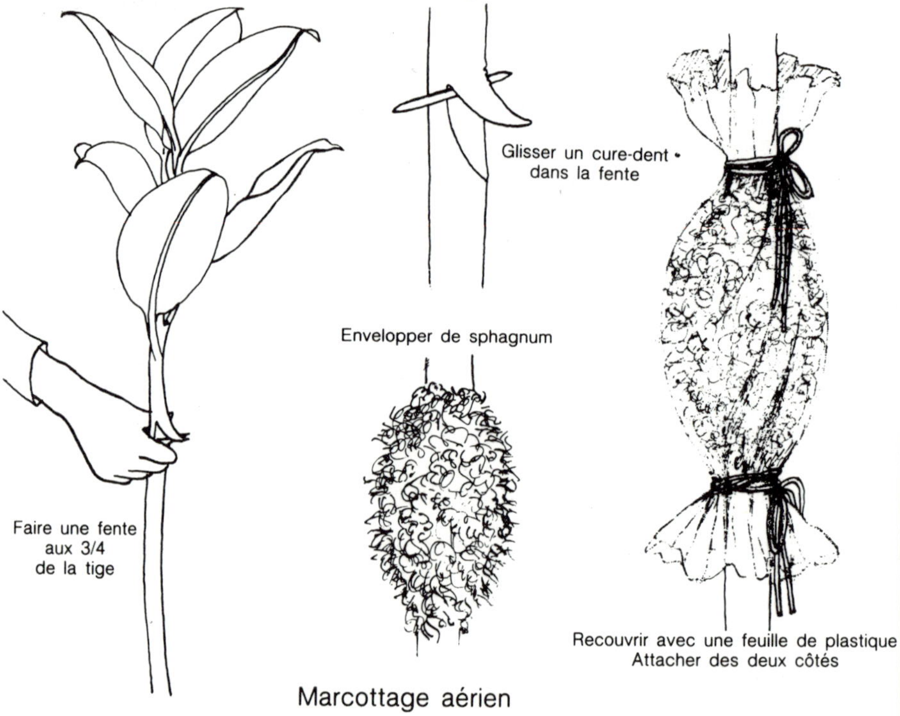

Marcottage aérien

Boutures de tige. Si vous avez marcotté votre plante, vous vous retrouvez avec une grande tige dénudée. Au lieu de la jeter, essayez de la multiplier.

Coupez la tige en morceaux de 6 cm. Obturez un pot profond et remplissez-le à moitié de vermiculite. Couvrez le pot avec une feuille de plastique tendue et attachez le tout avec une ficelle. Faites quelques trous afin de permettre à l'air de circuler. Mettez le pot sur la yaourtière et arrosez à la vitamine B_1 en solution.

En 8 à dix semaines, de nouvelles petites pousses apparaissent sur les tiges. Ce sont les nouvelles plantes. Quand les pousses ont 2 cm de haut, ôtez le pot de la yaourtière et doucement, durcissez-les. Obturez un pot de 8 cm pour chaque bouture. Sortez les boutures de la vermiculite et plantez-les chacune dans de la terre. Enterrez complètement les tiges, seules les pousses vertes sont au-dessus de la surface. Arrosez avec de la vitamine B_1 en solution. Il faut le même laps de temps, deux mois environ, aux racines pour apparaître par marcottage, aux pousses pour apparaître par bouturage de tige et aux nouvelles pousses pour apparaître sur la plante-mère.

Chlorophytum

Il a six ans d'âge et une fécondité infinie. Il a fourni amis et amis de mes amis, avec ses enfants depuis des années. Faites démarrer la plante dans un pot de 4 cm. Chaque année, rempotez-le dans des pots de plus en plus grands jusqu'à devenir si gros qu'il semble risquer d'emporter le plafond avec lui. Il n'y a rien de plus joli qu'un gros chlorophytum suspendu avec de l'espace autour.

Le chlorophytum est très facile à multiplier, mais il pousse lentement les deux premières années. Quand il grossit, s'il semble sortir de son pot, il a besoin d'un pot plus grand. J'ai toujours mis trois ou quatre plantes de deux ans dans un gros pot, cela donne l'impression d'une plante plus vieille et plus grosse. Au printemps, le chlorophytum émet des rejets de longues tiges. Chaque rejet a de petites fleurs blanches et cinq ou six petits plants poussent sur le bout de petites branches. Lorsqu'elles deviennent plus vieilles, elles s'alourdissent et pendent sous le pot. Voilà votre matériel pour créer de nouvelles plantes.

Enracinement dans l'eau. Le jeune plant est lié au rejet par un stolon et peut être séparé. Étendez-le dans une petite assiette d'eau en vous assurant que les racines baignent dans l'eau. Vérifiez le niveau de l'eau tous les jours. En une semaine, de fines racines blanches apparaissent. Quand elles ont 4 cm de long, vous pouvez les planter. J'en plante toujours deux ou trois ensemble dans un pot de 12 cm. Si elles poussent en dehors du pot, il faut les transplanter dans un pot plus grand. Le chlorophytum se marie bien avec la vigne vierge et le pothos.

Enracinement dans la vermiculite. Voici une autre façon de multiplier cette plante. Épinglez le rejet dans un pot de vermiculite préparée sur le côté de la plante-mère. Avec cette méthode, vous n'avez pas à couper le cordon ombilical jusqu'à ce que vous soyez sûr que le plant est raciné. Cela vous donne un facteur de sécurité. Le seul désavantage de cette méthode est que vous ne pouvez faire ainsi qu'avec une plante-mère non suspendue. Votre plante-mère doit être sur une surface plane. Ainsi, les petits plants pourront être groupés autour d'elle. Utilisez des épingles à cheveux pour maintenir le plant dans la vermiculite toujours humide.

Attention lors de l'arrosage : si l'eau semble s'écouler directement par le trou, les racines ont pris toute la place dans le pot et ont rejeté la terre sur les côtés.

Vous pouvez corriger cela en ajoutant de la terre sur les côtés, en la poussant avec un bâton.

Vous pouvez aussi sortir la plante de son pot et couper 2 cm de racines tout autour.

Ajoutez de la nouvelle terre au fond du pot et tout autour, pressez-la dans les intervalles. Tapez le pot sur le sol pour tasser la terre. Le chlorophytum aime la lumière, mais il a tendance à blanchir s'il a trop de soleil. Attention aux petits insectes comme les cochenilles. Nettoyez-les avec une brosse à dents trempée dans de la vodka.

Chlorophytum : plante-mère avec rejets enracinés dans la vermiculite

Cissus

Ses feuilles, vert profond, indiquent qu'il accepte toute luminosité et ne demande pas à être sous une lumière artificielle.

J'aime le cissus car il faut beaucoup le pincer. Chaque morceau coupé peut raciner à son tour dans l'eau et faire une autre plante.

Si vous mettez ensemble deux ou trois boutures dans un verre sur la fenêtre, ils racineront. Vous pouvez les planter ensemble : ils vous donneront une plante plus fournie.

Lorsque les racines ont 2 cm de long, obturez un pot de 8 cm. Remplissez-le avec de la terre. Faites un trou dans le centre de la terre. Mettez-y vos boutures ; tassez la terre doucement autour des tiges, les racines sortiront toutes seules sous la surface.

Mettez le pot dans une serre en plastique pendant quelques jours pour éviter le flétrissement. Arrosez avec de la vitamine B_1 en solution.

Le cissus peut devenir très grand. Ma sœur en a un depuis quinze ans, dans sa salle à manger, dans un seau à charbon en étain. Il y a quelques années, il poussait sur un treillis et maintenant, il a plus de 2 mètres de haut. J'ai demandé à ma sœur ce qu'elle faisait pour qu'il soit si beau. Elle m'a regardée avec surprise et m'a dit : *« absolument rien »*.

Voilà pourquoi j'aime cette plante. Tandis que je suis aux petits soins avec le saintpaulia et le bégonia, mesurant la fertilisation et m'assurant que je n'éclabousse pas les feuilles, mon cissus, lui, ne me dit rien si j'oublie de l'arroser. Si ce n'est pas aujourd'hui, ce sera demain. Il peut attendre.

Coléus

Cette plante demande des soins réguliers. Vous devez la pincer souvent pour l'empêcher de devenir comme un fuseau ressemblant à une mauvaise herbe (sa cousine est l'ortie). Sous une lumière forte, le coléus est une belle plante colorée. Elle devient de moins en moins belle lorsque la lumière diminue. Il en existe de toutes les couleurs. Les plus populaires sont le coléus 'Arc-en-ciel' et le coléus 'Hercule' dont les feuilles sont dentelées avec des couleurs vives vers le centre. Les fleurs sont en forme d'épis, mais n'apportent rien à la beauté des feuilles.

Enracinement. Le coléus est un peu le lapin du règne végétal pour ce qui est de la multiplication. Il peut raciner dans l'eau en vingt-quatre heures. J'ai même lu que sous une lumière spéciale, il peut raciner en une heure. C'est une très bonne plante pour les débutants : elle demande un éclairage permanent pour rester en bonne forme ; toutes les boutures peuvent être racinées. Le coléus est une des rares plantes pour laquelle je recommande l'enracinement direct dans le sol, sans passer par l'étape de la vermiculite.

En prenant un lot de boutures et en plantant directement dans le sol, vous obtiendrez très rapidement une plante.

Les boutures de tige doivent avoir au moins quatre feuilles. Le sol doit être humide et les boutures doivent être placées dans un endroit éclairé. Si votre fenêtre ne l'est pas assez, placez le pot sous un éclairage artificiel si vous en possédez un. J'ai toujours considéré le coléus comme une plante « généreuse », une plante originale devenant dégingandée un an plus tard. Mais les boutures poussent de plus en plus, donnant de nouvelles plantes à l'infini. Aussi, au bout de quelque temps, je me sépare de la plante-mère et me consacre uniquement à la descendance !

Crassule

La crassule est une des plantes de la famille des crassulacées cultivées en pot et se plaisant en appartement. Il y a aussi l'échévéria et le kalenchoé.

Elle a un tronc épais avec des feuilles caoutchoutées vert pâle. Au printemps, si elle a reçu une luminosité pendant l'hiver, sa floraison s'épanouira en grappes étoilées roses ou blanches. Si vous avez quelque doute au sujet de votre luminosité, mettez la plante sous la lampe et attendez le printemps. C'est mieux ainsi.

Les personnes qui pensent que la crassule ne fleurit jamais, se trompent. Seulement, elle a besoin de seize à dix-huit heures de longueur de jour pour former des boutons. Comme le soleil a l'habitude de se coucher tôt tous les soirs, vous devrez lui donner une lumière d'appoint.

C'est une plante grasse, elle emmagasine l'eau dans ses feuilles. Si celles-ci commencent à se rider, vous n'avez pas assez arrosé. Heureusement, cette plante est comme le chameau : elle peut absorber une grande quantité d'eau à la fois, ce qui la maintient jusqu'au prochain arrosage. Cette faculté de conserver l'eau peut être utile pour la multiplication.

Boutures de tête. Prenez une bouture de tête de 8 cm. Mettez-la de côté pendant trois jours pour que le cal se forme sur la coupure. Faites un mélange constitué de terre et de sable (le sable rend la terre plus poreuse). Obturez le pot et remplissez-le avec un mélange terreux. Tassez fermement. Faites un trou avec un bâton pour mettre la bouture. Pressez la terre autour de la tige pour la tenir. Arrosez la bouture avec de la vitamine B_1 en solution.

Vous pouvez mettre trois ou quatre boutures ensemble dans un pot peu profond : si vous les pincez et les taillez avec art, vous obtiendrez un effet de forêt miniature. Arrosez une fois par semaine, et deux fois si elle se ride.

Croton

S'il est arrivé à votre croton de perdre toutes ses feuilles du bas, lisez attentivement ce qui suit. Le secret, pour garder un croton heureux, est de lui fournir chaleur, humidité et lumière avec quelques rayons de soleil (mais pas trop). Soyez très minutieux. Il a besoin de lumière vive pour colorer ses feuilles. Mais si vous lui en donnez trop, il brûlera. Les couleurs de ses feuilles, parlons-en ! Tous les tons de l'arc-en-ciel y sont représentés, du vert jusqu'à l'orange, le rouge et le rose en passant par le jaune et le violet.

Cette plante fait le désespoir des amateurs. Elle est si parfaite lorsque vous la voyez pour la première fois ! Mais, peu à peu, elle perd ses feuilles et vous voilà avec une tige dénudée, sans feuillage, mais avec un bouquet terminal. Sur une petite plante, faites une bouture de tige. Sur une grande plante, faites un marcottage.

Croton

Boutures de tige complète. Avec un couteau pointu, coupez la tige à 8 cm des feuilles du bas. Placez la bouture dans un pot de vermiculite préparée. Elle racinera plus vite avec de la chaleur de fond : mettez-la sur une yaourtière. Couvrez la bouture avec un pot à confiture retourné sur le bord du pot. Arrosez avec de la vitamine B_1 en solution. Elle agit comme un stimulant pour la racine et comme traitement antichoc. Elle sera maintenue dans sa serre sur la yaourtière pendant un mois. Retirez-la de la chaleur pour le durcissement. Ouvrez le pot un petit peu chaque jour pendant cinq jours. Une fois la plante durcie, rempotez-la dans de la terre.

Marcottage aérien. Rappelez-vous que les nouvelles racines pousseront au niveau de la section de la tige. Aussi est-il préférable d'avoir une tige trop petite que trop grande. Incisez la tige aux 3/4 avec un angle de 45°. Mettez un cure-dent dans l'incision pour éviter qu'elle se referme toute seule.

Entourez la coupure avec de la mousse lavée dans l'eau et essorée. Entourez le ballot de mousse dans du plastique. Fermez-le en haut et en bas avec des liens. A l'intérieur du plastique, une humidité se forme.

Si aucune buée n'apparaît, ouvrez le haut et ajoutez un peu d'eau. Faites couler l'eau goutte à goutte à l'intérieur de la mousse avec un compte-gouttes ou une seringue.

Quand les racines apparaissent à travers la mousse, coupez juste au-dessous. Otez le plastique et plantez toute la balle dans la terre. Ne jetez pas la plante originale car de nouvelles pousses sortent juste au-dessous de la section. Continuez l'arrosage et conservez bon espoir car la chance vous sourira peut-être.

Le croton est un peu comme le saintpaulia : préparez-vous à les entourer de soins. Autrement, ils ne fleuriront pas. J'ai habité à Paris. Ma voisine, une vieille dame, avait une serre dans sa cuisine, c'est un système très agréable. Elle tenait compagnie aux plantes pendant qu'elle cuisinait. Un jour, je suis arrivée à l'improviste. Comme personne ne répondait, j'ai ouvert la porte et suis entrée. Il n'y avait personne mais je pouvais entendre un son monotone et bourdonnant qui venait de la cuisine. J'ai regardé si la bouilloire n'était pas en train de siffler. J'ai découvert en fait que le bruit était une mélodie de mon amie à ses plantes. Elle trouvait cela la chose la plus naturelle du monde. Je n'ai rien dit. Quelques années plus tard, j'ai essayé de chanter un peu la sérénade à mes plantes, curieuse de voir si elles réagissaient ou pas. Je ne sais pas si elles ont apprécié. En tout cas, aux première notes, mon vieux chat est allé vers la porte d'entrée et d'un ton sans réplique a demandé à sortir.

J'ai été très humiliée. Je me suis dit que malgré tout, j'avais le grand privilège qu'aucune de mes plantes ne possède de pieds pour sortir de la pièce avec dignité !...

Dieffenbachia

Le dieffenbachia est une des plantes d'appartement les plus courantes. Il en existe de nombreuses espèces. La plus connue est *Dieffenbachia picta* aux feuilles vert brillant avec des nervures et des bordures plus foncées. *Dieffenbachia amœna* peut atteindre plus de 1,80 m avec des feuilles énormes.

Mon beau dieffenbachia est installé près d'un dracæna malade. Celui-ci est utilisé par le chat. Un jour, ayant déchiqueté toutes les feuilles du bas du dracæna, Salomon décida d'aller plus loin.

Il attaqua le dieffenbachia. Il dut mordre dans la tige et oh ! surprise : je vis un chaton frénétique courant autour du tapis et se frottant le nez par terre. Depuis lors, il s'en tient éloigné. Ce n'est pas par hasard s'il est surnommé « canne à muets » : son jus peut provoquer une paralysie partielle de la langue. Pourtant, le dieffenbachia est une bonne plante pour s'exercer à la multiplication. Mais il a un peu l'habitude de perdre ses feuilles du bas, même si aucun quadrupède ne s'amuse à les lacérer.

Boutures de tête. Si votre plante est jeune avec une tige souple, coupez le bouquet terminal de la tige avec ses feuilles sur une hauteur de 4 cm. Faites-le raciner dans l'eau. Placez la tige dans une petite bouteille d'eau, dans un endroit bien éclairé. En quelques semaines, des racines se formeront. Plantez la bouture dans la terre. Obturez un pot de 12 cm et remplissez-le de terre. Faites un trou dans le centre. Mettez-y la bouture et tassez doucement la terre tout autour du pot en faisant attention à ne pas blesser les racines.

Pour éviter le choc de la transplantation, arrosez votre plante avec de la vitamine B_1. Vous pouvez aussi placer la plante dans une serre en plastique pendant quelques jours, jusqu'à ce que le danger de flétrissement soit écarté. Pensez à la durcir avant de la sortir définitivement de la serre.

Marcottage aérien. Le dieffenbachia plus âgé développe une tige plus dure, avec du bois. Elle peut être utilisée pour un marcottage aérien. Faites une incision sur les 3/4 de la tige à 45°, juste au-dessous de l'endroit où vous voulez voir se former les nouvelles racines. Mettez un cure-dent dans la fente pour éviter qu'elle se referme sur elle-même. Prenez une poignée de sphagnum dans l'eau et essorez. Entourez la tige avec ce tampon. Recouvrez ensuite la mousse avec une feuille de plastique. Fermez-la en haut et en bas avec un lien. Le tout doit être bien arrimé, car la mousse ne doit pas tomber ni glisser plus bas.

Vérifiez l'état de la mousse tous les jours pour vous assurer qu'elle reste humide. Si elle sèche, ajoutez de l'eau avec un arrosoir à viande ou un compte-gouttes, en ouvrant le plastique par le haut. Arrosez la mousse goutte à goutte. Les racines apparaîtront bientôt. La tige sera alors coupée juste au-dessous des racines. Enlevez la feuille de plastique. Plantez la boule de racines tout entière dans un pot de terre.

Boutures de tige. Il vous reste une longue tige nue. Coupez-la en morceaux de 12 cm. Nettoyez les extrémités avec un fongicide. Remplissez un pot à moitié avec de la vermiculite. Mettez les morceaux à demi enterrés horizontalement. Couvrez le pot avec une feuille de plastique, liée sous le rebord avec un élastique.

Une chaleur de fond est nécessaire pour des boutures de tige. Mettez le pot sur la yaourtière. Une pousse peut éventuellement apparaître à partir d'un des yeux de la tige. Lorsque les pousses atteignent 2 cm, sortez-les de la yaourtière et durcissez-les. Plantez chaque morceau de tige dans un pot séparé.

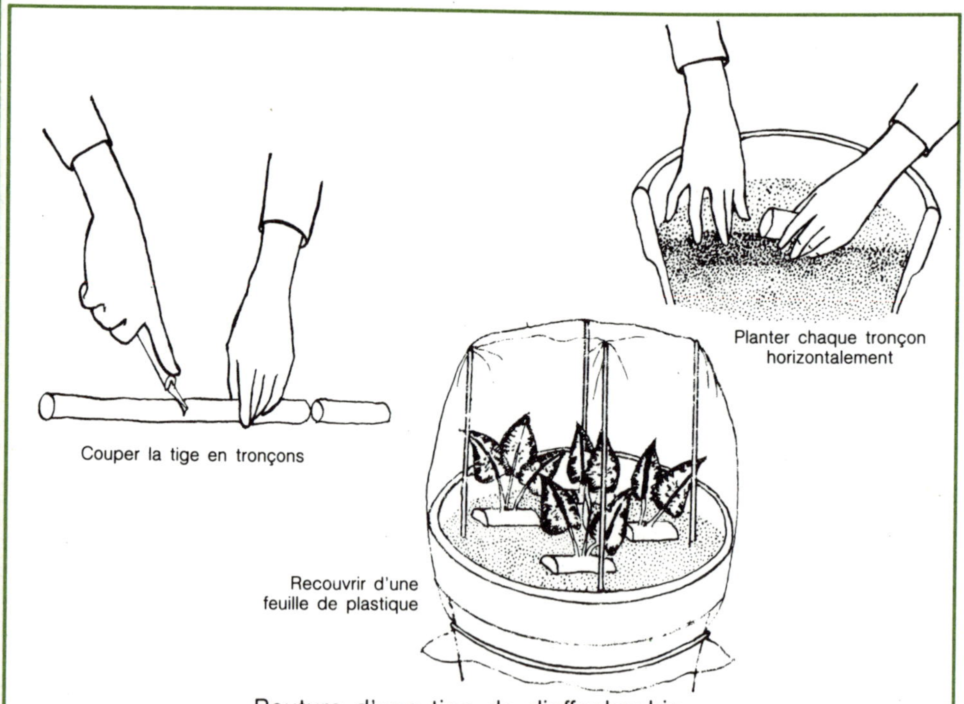

Bouture d'une tige de dieffenbachia

Dracæna

Voici une plante très populaire : elle peut très facilement pousser à l'intérieur et est capable de devenir très haute. Sur mon dracæna, j'ai réussi l'élevage d'un animal parasite, non mentionné dans les livres sur les plantes. Il a un nez rose et quatre pattes ! Il avait été abandonné dans la rue, à trois mois. Son nom est Salomon. Dès la première semaine, il avait élu domicile dans le dracæna, se cachant sous ses feuilles protectrices. La seconde semaine, il a réalisé qu'il pouvait grimper sur les tiges : je pouvais dire adieu à mon dracæna. J'ai alors décidé que je n'avais pas besoin d'un palmier dans ma salle à manger. J'ai fait un marcottage aérien.

Marcottage aérien. Coupez la tige aux 3/4 à 45°, juste au-dessus de l'endroit où vous voulez voir de nouvelles racines. Mettez un cure-dent dans la fente pour éviter qu'elle se referme. Prenez une poignée de sphagnum lavé et essoré. Entourez la tige au niveau de la fente. Couvrez ensuite la mousse d'une feuille de plastique. Fermez en haut et en bas. Serrez fortement pour éviter que la mousse glisse. Vérifiez souvent l'état d'humidité de la mousse. Ajoutez de l'eau goutte à goutte avec un arroseur à viande ou une seringue. Lorsque les racines apparaissent à travers la mousse, coupez la tige juste au-dessus. Otez la feuille de plastique. Plantez la boule de racines tout entière dans un pot plein de terre.

Dracaena

Boutures de tête. Si votre dracæna est trop faible pour faire un marcottage, coupez le bout de la tige et faites une bouture de tête. Avec un couteau pointu, coupez le bout de la tige avec les feuilles à 8 cm de hauteur. Placez la tige dans une petite bouteille d'eau à la lumière. En quelques semaines, les racines sont formées, le rempotage est possible. Obturez un petit pot. Remplissez-le avec de la terre. Faites un trou dans le centre. Mettez-y avec précaution votre bouture racinée. Arrosez avec de la vitamine B_1 pour éviter le choc de la transplantation. Ne jetez pas vos vieilles plantes décapitées. Il arrive parfois que de nouvelles pousses se forment juste dessous la section. Elles peuvent donner naissance à une nouvelle plante.

Si d'un autre côté, vous avez marcotté votre vieux dracæna, il vous restera une tige dénudée de 1 mètre, ce qui n'a rien d'esthétique.

Boutures de tige. Coupez la tige en morceaux de 6 à 8 cm. Nettoyez les coupures avec du fongicide. Remplissez à moitié un pot avec de la vermiculite préparée. Couchez les morceaux de tige à moitié enterrés dans la vermiculite. Couvrez le pot avec une feuille de plastique serrée sous le rebord du pot avec un élastique.

Mettez le pot sur la yaourtière. La nouvelle pousse apparaît à partir d'un œil. Lorsqu'elle a 2 cm de haut, sortez la bouture de la yaourtière et durcissez-la. Chaque morceau de tige peut être planté dans un pot individuel.

Échévéria

L'échévéria a des feuilles minces et charnues, de jolies fleurs en grappes. Les deux espèces les plus connues sont *Echeveria elegans* aux feuilles en rosette et aux fleurs roses et orange et *Echeveria pulvinata* aux feuilles écarlates sur les bords et aux fleurs rouges. Ce sont des plantes solides. Elles sont faciles à propager : soit par rejet, soit simplement à partir des feuilles.

Lorsqu'une de mes amies partit habiter en Californie, elle fut submergée par les plantes merveilleuses qui poussaient dans son jardin. La plupart des échévérias viennent du Mexique. Lorsqu'elle déménagea à nouveau, elle remplit deux boîtes à semis d'échévérias. Elle les planta dans son nouveau jardin. Depuis son premier déménagement, il y en a eu deux autres. Chaque fois, elle les arrache et les emmène avec elle. La dernière fois, elle emporta dix boîtes à semis ! Maintenant, dans sa maison définitive, ils poussent partout : dans son jardin, dans sa maison, accrochés aux poutres.

Aussi n'hésitez pas : si vous devez déménager, emballez-les et prenez-les avec le reste de vos affaires.

L'échévéria émet des rejets à la base de la plante-mère. Ceux-ci peuvent être retirés doucement et rempotés dans un mélange fait de 3/4 de sable horticole et 1/4 de terre. L'échévéria appréciera votre fenêtre la mieux exposée et doit être assez humidifié à l'âge adulte.

Fatshedera Lizei

Cette merveille génétique est le résultat du croisement *Fatsia japonica* et *Hedera Helix hibernica*. Ses feuilles ont seulement cinq lobes, ce qui le rapproche du lierre.

J'ai pris une bouture de tige quand personne ne me regardait ! et je l'ai fait raciner dans l'eau en deux semaines seulement. Au bout d'un mois, quand les racines ont eu 2 cm de long, j'ai planté mes boutures dans la terre et j'ai obtenu une jolie plante. Je l'ai arrosée avec de la vitamine B_1, en solution, pour éviter le flétrissement, et j'étais prête à la mettre dans une serre au premier avertissement, mais cela ne fut pas nécessaire. Elle se porte très bien avec moins de lumière que le fatsia et c'est une plante jolie et peu exigeante.

Fatsia

Le *Fatsia japonica* est une belle plante aux feuilles luisantes découpées en cinq à neuf lobes, comme des doigts. Il pousse à partir d'une tige centrale ; quand il devient plus âgé, des rejets se forment à la base et peuvent être coupés pour former de nouvelles plantes. Le fatsia pousse très vite, surtout au printemps. Il fait alors une grande poussée de végétation, formant de nouvelles feuilles sur les anciennes. A une bonne luminosité, de grandes fleurs aériennes se forment, puis donnent naissance à des grappes de baies noires. J'ai appris la multiplication du fatsia par accident, après avoir laissé un jour ma plante dehors au soleil. Un ami, venu en mon absence surveiller mon jardin, tailla à tour de bras, coupant toutes les pousses printanières. Je ne m'en aperçus que plus tard mais heureusement, je pus récupérer les morceaux dans la poubelle, un peu écrasés, bien sûr.

Boutures de rameau. Dans ce cas, la yaourtière peut sauver la situation. Je ne pense pas, en effet, que les boutures puissent survivre sans une chaleur de fond pour favoriser l'enracinement. J'ai ôté toutes les feuilles extérieures, laissant juste le petit bouquet à l'intérieur.

J'ai rempli un pot profond d'un mélange de 3/4 de terre et 1/4 de sable. J'ai enterré à moitié la bouture avec juste le haut et les feuilles centrales qui dépassaient. J'ai mis des tuteurs en bambou et j'ai recouvert d'une feuille de plastique. J'ai ensuite arrosé avec de la vitamine B_1, pour l'aider à surmonter le choc et stimuler les racines. Je l'ai mis sur la yaourtière et sous la lampe que j'ai laissée toute la nuit pour lui donner de la force. En trois jours, de la buée est apparue à l'intérieur du plastique.

Les feuilles se sont mises à pousser. J'espère que la suite de l'histoire ne sera pas tragique car cela s'est passé il y a seulement un mois. Si tout se passe bien dans la serre, je pourrai la laisser six semaines. Le sol semble un peu sec, mais comme cela reste toujours humide à l'intérieur, je n'ajouterai pas d'eau car la bouture risque de pourrir. Au bout de six semaines, je sortirai le pot de la yaourtière et la durcirai doucement. Puis, je la mettrai sur une fenêtre éclairée et la fertiliserai. Ensuite, je la présenterai aux autres plantes. Je suis heureuse de vous dire que mon fatsia originel n'a pas souffert d'être décapité, en réalité il a commencé à émettre des rejets à sa base. La décapitation est un pinçage plutôt sévère !

Fatsia

Fittonia

Fittonia argyroneura (ce qui veut dire veiné de blanc) est la variété la plus populaire.

Le fittonia doit son nom à Elisabeth et Sarah Fitton, deux Anglaises de l'époque victorienne, auteurs de *Conversation sur la botanique* vers le milieu du XIXe siècle.

Cette petite plante doit être pincée : elle a tendance à devenir dégingandée. Pour fleurir, elle demande beaucoup d'humidité. Les boutures poussent très bien dans l'eau.

Boutures de tête. Coupez un haut de tige avec au moins deux feuilles. Mettez les boutures dans une petite bouteille d'eau. Les racines se formeront rapidement.

Lorsque vous rempotez la bouture racinée dans l'eau, prenez les précautions nécessaires contre le flétrissement. Obturez un petit pot. Remplissez-le de terre. Faites un trou au centre et placez-y la bouture racinée. Tassez doucement la terre autour de la tige. Arrosez-la bien avec de la vitamine B_1 en solution. Retournez immédiatement un pot de confiture sur le pot de fleurs. Il fera office de serre et l'humidité créée à l'intérieur permettra aux feuilles de respirer dans l'humidité requise jusqu'à ce que les racines puissent prendre le relais. N'oubliez pas de durcir votre plante progressivement.

Couper une extrémité de tige avec deux paires de feuilles

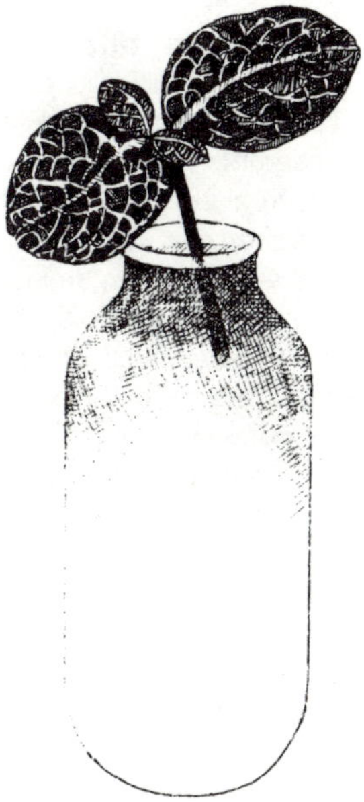

Bouture racinée dans l'eau

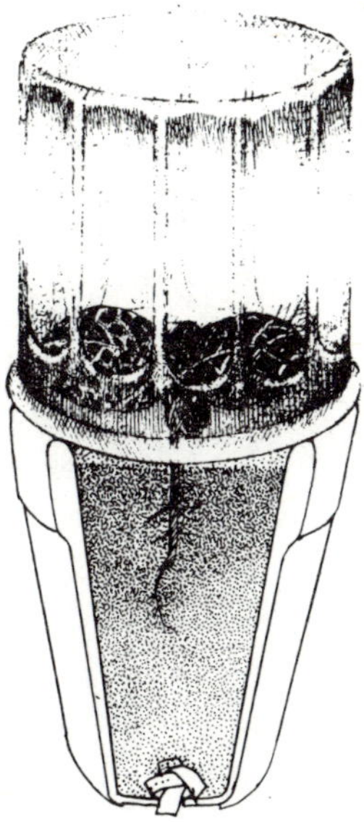

Planter la bouture et recouvrir d'un pot de confiture

Bouture de tête de fittonia

Fuchsia

Le fuchsia est appelé ainsi en souvenir du grand botaniste allemand Leonhart Fuchs qui, en 1542, a écrit l'un des plus merveilleux livres jamais édités : *De Historia Stirpium,* plus de 500 gravures sur bois, pleine page, de plantes. Il existe aujourd'hui une infinité de fuchsias : à fleurs simples ou doubles ; blancs, roses ou un mélange des trois ! quelques-uns avec des collerettes comme des tutus de ballerines ; certains sont grimpants ; d'autres retombent et font des plantes parfaites pour suspensions à proximité d'une fenêtre lumineuse et ensoleillée.

Les fuchsias sont très faciles à multiplier. Autrefois, nos grands-parents jetaient la plante-mère et conservaient les boutures. Il n'est pas nécessaire d'être aussi énergique : souvenez-vous que les fuchsias doivent être légèrement pincés à la fin de l'époque de floraison.

Pour pincer votre fuchsia, taillez chaque tige au niveau de la tige ligneuse principale. Cela veut dire que votre plante sera parfois dénudée de ses feuilles.

Mais ne vous inquiétez pas : une nouvelle pousse repartira après un ou deux mois de repos. Placez votre plante à l'ombre. Réduisez l'arrosage jusqu'à lui donner une cuillerée d'eau par semaine. Ce changement d'atmosphère lui permettra de se reposer.

Boutures de tête. Prenez des boutures de tête avec au moins six feuilles. Choisissez des tiges assez fermes pour tenir toutes seules. Cinq boutures peuvent être plantées ensemble dans un pot de 12 cm. Obturez un pot, remplissez-le avec de la vermiculite préparée. Faites un trou pour chaque bouture avec un bâton fin. Placez-y les tiges. Arrosez avec de la vitamine B_1 en solution pendant la première semaine. Le fuchsia a besoin d'humidité pour raciner, donc d'une serre avec un sac en plastique. Si vous avez seulement une ou deux boutures, chacune peut être mise dans un pot séparément, couverte avec un pot de confiture.

Le fuchsia met beaucoup de temps pour former de bonnes et puissantes racines. Aussi devez-vous le laisser raciner pendant au moins deux mois. N'oubliez pas de le durcir avant de le sortir de la serre. Plantez chaque bouture dans son propre pot. Si vous le voulez, plantez-en quelques-unes ensemble dans un panier (voir page 24).

Pendant ce temps, la plante-mère doit être au repos afin de la laisser récupérer son énergie pour la nouvelle saison. Dès l'apparition de feuilles, remettez-la sur une fenêtre ensoleillée. Recommencez à l'arroser et à la fertiliser régulièrement.

Géranium

Son nom botanique est *Pelargonium*. Il y en a plus de 8 000 variétés parmi lesquelles on peut distinguer :

— *Pelargonium* de fantaisie, avec la variété 'Madame Salleron', remarquable par son feuillage petit et ténu, vert marginé de blanc, et 'Golden Marry Hicower', vert panaché de jaune ;

— *Pelargonium zonale :* il comprend tous les géraniums communs des jardins. Ils ont des feuilles rondes et les fleurs peuvent avoir des pétales simples, semi-doubles ou doubles ;

— *Pelargonium peltatum,* ou géranium-lierre : ce géranium est sur les fenêtres ou dans les paniers laissant pendre ses tiges. Ses feuilles ont la forme de celles du lierre. Ses fleurs sont simples ou doubles ;

— géranium à fleurs odorantes : il en existe plus de 200 espèces. Les plus connues sont celles au parfum de citron ou de rose. Il existe un géranium moins connu au parfum d'abricot avec une jolie fleur rosée.

Les géraniums peuvent bien vivre à l'extérieur où ils reçoivent le soleil pendant le jour et la fraîcheur pendant la nuit. Si vous les mettez à l'intérieur, vous aurez des problèmes, à moins d'apprendre comment les faire vivre en appartement. Les géraniums ont besoin d'au moins deux heures de soleil par jour. Pour réussir la culture en appartement, il faut de grandes baies vitrées.

Sinon, vous devez avoir une lumière artificielle pour plantes. La longueur du jour nécessaire pour cette plante est de seize heures. Aussi, lorsque vous vous levez le matin, allumez la lumière et laissez-la jusqu'au soir.

La plupart des maisons sont trop chauffées la nuit pour les géraniums. A l'extérieur, la température tombe dès que le soleil se couche. Il faut essayer de créer des conditions similaires à l'intérieur. Une bonne méthode consiste à les maintenir sous la lampe pendant la journée et de les sortir sur la fenêtre dès que le soleil se couche. Ils ne doivent pas être à plus de 15° en hiver.

Une bouture de géranium d'un an est une bonne taille pour une maison. Mais elle a la faculté de grossir très rapidement. C'est pourquoi j'ai choisi de cultiver des géraniums nains à l'intérieur. Ces plantes petites et charmantes ont rarement plus de 24 cm et de belles et grandes fleurs.

Il existe beaucoup de géraniums nains. Ils portent des noms charmants désignant leur couleur ou des noms de femmes célèbres. La mode est aux feuillages finement découpés et abondants et aux fleurs petites et nombreuses.

Boutures de tête. Les boutures de tête peuvent être faites sur tous les géraniums. Je fais mes boutures en automne, après la floraison. Je pince sévèrement les tiges pour les épaissir. Cela me donne beaucoup de boutures.

Lorsque j'ai assez de pots en terre, j'utilise de la vermiculite préparée comme milieu de culture. Avec des pots en plastique, j'utilise un milieu de culture différent fait de 3/4 de sable et 1/4 de terre à pots. Il faut exclure la vermiculite dans les pots en plastique, car ils ne sont pas poreux et ne peuvent pas « respirer ». La vermiculite reste si humide que des algues se forment très souvent en surface. Cela prive les boutures d'oxygène. Elles pourrissent et meurent. Cassez net les tiges longues sur la plante-mère. Passez votre couteau pointu à l'alcool pour éviter la transmission de maladies d'une plante à l'autre.

Obturez et remplissez vos pots. Un pot de 6 cm suffit pour les jeunes boutures. Observez la tige : elle est constituée de sections séparées par des nœuds. La distance entre deux nœuds est appelée entre-nœud.

Comptez en descendant trois nœuds à partir de la tête. Faites votre coupe 3 cm au-dessous du troisième nœud. Roulez la tige pour éviter qu'elle s'écrase. Otez toutes les feuilles du second et du troisième nœuds. Trempez l'extrémité coupée dans une hormone pour racines.

Prenez un crayon et faites un trou dans le milieu de culture. Placez-y la bouture assez profondément pour couvrir le troisième nœud. Tassez doucement le milieu de culture autour de la tige pour la tenir droite. Arrosez-la pendant une semaine avec de la vitamine B_1 en solution.

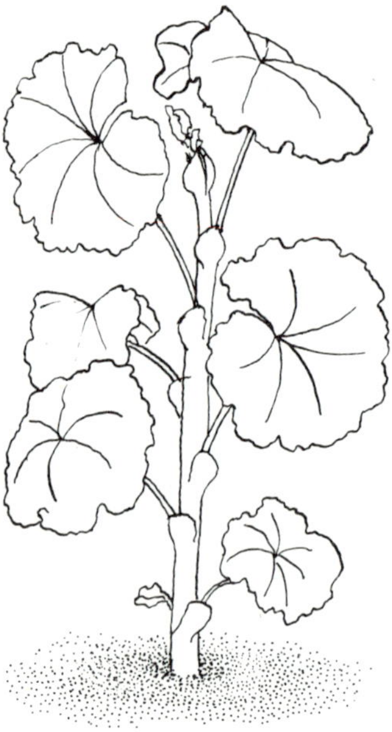

Bouture de tête de géranium

Si vous n'avez pas de petits pots, plantez trois nœuds ensemble dans un pot plus grand. Assurez-vous seulement que les feuilles ne se touchent pas. Si vous avez beaucoup de boutures, plantez-les dans une boîte à semis à 4 cm d'intervalle. Vos boutures racineront en six semaines. La résistance à une petite traction vous indiquera que les racines sont formées. Prenez une spatule et enlevez doucement chaque bouture du mélange, en essayant d'éviter de briser les racines. Faites un mélange composé de 3/4 de terre et 1/4 de sable.

Obturez un pot de 6 cm et mettez 2 cm de mélange terreux au fond. Tenez la bouture d'une main et avec l'autre, ajoutez de la terre jusqu'à ce que le pot soit plein. Tassez la terre près du bord du pot mais non directement sur les racines : vous risqueriez de les briser. Frappez doucement le pot deux ou trois fois pour tasser la terre. Arrosez avec de la vitamine B_1 en solution.

Ce petit pot sera votre bouture pour la maison pendant la première année. Les géraniums aiment aller jusqu'aux limites du pot. Ils fleurissent à profusion quand leurs racines sont tassées dans un petit espace. Fertilisez votre jeune plant avec une solution fertilisante au quart ou au huitième de sa dose habituelle.

Les géraniums ont besoin d'être pincés pour encourager la ramification. Pincez votre nouvelle plante entre le pouce et l'index. Les géraniums doivent rester au sec. C'est pourquoi le sable est ajouté dans le milieu de culture. Pendant la période de floraison, ils tirent profit d'une fertilisation mensuelle. Pendant l'hiver, lorsqu'ils sont en semi-dormance, il est inutile de les fertiliser.

Recommencez la fertilisation lorsque vous voyez apparaître les rejets de printemps.

Gloxinia

Le gloxinia est une plante merveilleuse et spectaculaire à la portée de tous. Il est caractérisé par ses fleurs en forme de trompettes de toutes tailles et de toutes couleurs : tubes simples ou fleurs évoquant des pantoufles, boutons blancs, jaunes ou lavande, trompettes doubles à collerettes rouges, jaunes et bleues.

Le gloxinia pousse à partir d'un tubercule. Il a une période de dormance après la floraison. Il faut le savoir. Vous pourriez penser que votre plante est morte en dépit des attentions que vous lui avez prodiguées. Ne vous inquiétez pas. Le gloxinia a une floraison fantastique. Il est normal qu'il se repose.

Le premier signe du temps de repos est qu'il s'arrête d'émettre des rejets et de nouvelles feuilles. Quand les feuilles commencent à se faner, enlevez la plante de sa place éclairée et coupez toutes les vieilles feuilles et les fleurs fanées. Le tubercule, pour son repos, aime les endroits frais. Installez-le sous un abri non chauffé (température 7°). Le tubercule, comme une pomme de terre, emmagasine la nourriture qui lui est nécessaire. Vous devez simplement lui fournir assez d'eau pour éviter qu'il ne se dessèche, soit une cuillerée d'eau tous les quinze jours. Versez l'eau autour des bords du pot et non sur le tubercule pour éviter la pourriture.

Après un repos d'un ou deux mois, de nouvelles pousses apparaissent. Arrosez alors bien votre plante. Elle aime l'humidité. Elle ne demande pas directement les rayons du soleil mais se comporte bien dans une bonne luminosité et préfère par-dessus tout la lampe à plante.

Boutures de feuille. La meilleure façon de multiplier votre gloxinia est de faire des boutures de feuille.

Prenez une jeune feuille bien ferme. Étendez-la sur le côté face et faites une série de coupures dans les nervures principales. Obturez un pot. Remplissez-le à moitié avec de la vermiculite. Si la feuille ne tient pas bien à plat, lestez-la de petits cailloux. Il sera peut-être plus sûr d'utiliser des épingles à cheveux. Couvrez le pot avec une feuille de plastique tendue. Conservez assez de place pour que les petites pousses ne bouchent pas le plastique. Placez le pot sur la yaourtière : la chaleur de fond est indispensable pour bouturer des feuilles. Si vous n'avez pas de yaourtière, utilisez une source de chaleur constante et humide. Au besoin, même la veilleuse de votre fourneau à gaz conviendra. De petits plants se forment doucement aux coupures. Lorsqu'ils ont au moins quatre feuilles, sortez-les avec précaution de la vermiculite et rempotez-les dans des petits pots individuels.

Lorsque vous avez beaucoup de plantes dans votre serre, dont une seule prête à sortir, vous ne pouvez pas durcir de la façon habituelle. Dans ce cas, préparez toujours un pot pour la bouture. Sortez-la de la serre et mettez-la dans son pot en posant un pot de confiture sur sa tête, le tout en l'espace de trente secondes ! Mettez le petit pot sur la yaourtière pendant un ou deux jours jusqu'à ce que vous vous aperceviez que votre plante ne flétrira pas. Durcissez doucement en soulevant le couvercle un peu plus chaque jour.

Kalanchoé

Le kalanchoé est une plante grasse de la même famille que l'échévéria et le sédum. Ceci vous donne une idée de ce qu'il aime et de ce qu'il n'aime pas. Trop d'arrosage et pas assez de lumière sont ses pires ennemis. Je l'ai appris à mes dépens après avoir acheté une plante très chère et originale qui perdit toutes ses feuilles basses puis s'affaissa. J'ai pu la sauver en faisant aussitôt des boutures. J'en ai eu beaucoup, mais la plante n'a plus jamais été la même.

Kalenchoe blossfeldiana est très connu pour sa floraison en hiver, dans les tons rouges et roses. Il est facile de le multiplier par boutures de tête. Faites-les raciner dans un mélange sableux : moitié terre, moitié sable. Mettez cinq ou six boutures de tête ensemble dans un pot peu profond. Cela vous fera une très belle plante. Les boutures peuvent rester dans la terre où elles auront raciné.

Toutes les plantes grasses peuvent raciner à partir de feuilles piquées dans le sable humide. Placez trois ou quatre feuilles dans un pot peu profond. Couvrez-les avec une feuille de plastique. Mettez le tout sur une yaourtière. De nouveaux jeunes plants se forment au niveau du sol. Lorsque ceux-ci ont au moins trois feuilles, retirez-les et plantez-les dans leur propre pot. Ils aiment une terre sableuse (moitié sable, moitié terre) car ils ont besoin d'un bon drainage.

Kalenchoe pinnata forme de nouvelles plantes sur le bord de ses feuilles. Une seule feuille plantée dans le sable humide émet trois ou quatre jeunes plantes dans l'encoche au bord des feuilles.

Une espèce plus rare de plante vivipare est *Kalenchoe Daigremontiana.* Il émet jusqu'à quatre rejets sur ses feuilles. Mettez une feuille sur le sol humide. Couvrez le pot avec du plastique. Posez le tout sur la yaourtière. Les petits plants racineront doucement dans le sable. Ils peuvent être ôtés avec des pinces émoussées pour être placés dans leur pot. Vous aurez besoin de verres grossissants car ils sont minuscules !

Feuilles de kalanchoe piquées dans le sable humide

Lierre

Le lierre présente de nombreuses variétés, diversement colorées. Autour de la tige, les feuilles poussent d'une façon géométrique comme une hélice (du mot grec qui veut dire spirale). Ce terme se retrouve dans son nom botanique : *Hedera Helix.*

Je suis sûre de ne pas être la seule à avoir acheté un très beau lierre miniature, vert et lustré, très décoratif et de le voir perdre ses feuilles un mois plus tard. Les feuilles se sont d'abord enroulées : j'ai pensé à un manque d'arrosage. Je me suis mise à l'inonder. Je me suis réconfortée en me disant que le lierre était une plante d'extérieur. On m'avait affirmé qu'il vivait très bien en appartement mais cela était du bavardage de vendeur de jardinerie. Quelque temps après, j'ai eu l'occasion de voir chez une personne un très beau lierre d'intérieur.

C'est la chaleur de nos maisons qui agit ainsi sur les lierres. Les bouts des feuilles deviennent marron : c'est le signe d'un manque d'humidité. Humectez avec de l'eau chaque jour. Le lierre a besoin d'une lumière excellente. Utilisez une lampe spéciale si vous n'êtes pas sûr de la luminosité. Vous pouvez choisir entre 70 variétés. Le plus connu est le lierre miniature 'Hahn' avec de jolies petites feuilles vert foncé.

Le grand-père de tous les lierres miniatures est *Hedera Helix hibernica* (lierre d'Irlande). *Hedera Helix* 'Pittsburgh' est le fils du lierre d'Irlande et le père de presque tous les lierres miniatures.

Hedera Helix 'Cordata' aux feuilles en forme de cœur s'en rapproche. *Hedera Helix* 'Weber's Fan' est un lierre miniature, *Hedera Helix* 'Baltica' a de petites feuilles à cinq lobes.

Boutures dans l'eau. Si vous avez une fenêtre ensoleillée, vos boutures racineront en une ou deux semaines. Sous une lampe, elles racineront plus vite.

Prenez des boutures avec au moins trois ou quatre feuilles. Placez-les dans des petites bouteilles d'eau. En deux semaines, vous pouvez les planter.

Obturez un pot de 8 cm. Remplissez-le de terre. Faites des trous avec un bâton et placez-y trois ou quatre boutures racinées dans un même pot. Cela donnera à votre plante une allure plus fournie. Tassez la terre avec précaution autour des tiges. Comme avec toutes les plantes racinées dans l'eau, vous devez être très prudent lors du transfert de la plante dans son nouvel environnement pour éviter le flétrissement. A cette étape, utilisez la vitamine B_1 en solution pour l'arrosage, et couvrez le pot avec une serre en plastique.

Enracinement dans le sable. Remplissez un pot peu profond avec du sable et placez votre bouture horizontalement. Fixez-la avec des épingles à cheveux. Conservez le sable humide. De nouvelles pousses se forment à partir de chaque feuille. C'est une bonne façon pour couvrir une grande surface rapidement.

Après quelques semaines, tirez doucement la bouture. Si elle oppose une résistance, les racines sont formées. Transférez vos boutures dans la terre. Trois ou quatre boutures dans un pot large et peu profond vous donneront en peu de temps une belle plante.

Maranta

C'est une plante très attachante. Elle a une habitude curieuse : la nuit, elle plie ses feuilles.

Ses feuilles rougeoient comme les couleurs du paon. Son habitat naturel est le sol humide de la forêt. Aussi, pensez à l'humidifier régulièrement. Installez-la dans un endroit où le soleil n'atteint pas directement ses feuilles délicates. *Maranta arundinacea* produit l'arrow-root.

Le maranta d'appartement est *Maranta leuconeura Massangeana* (ce qui veut dire veiné de blanc). Au Brésil où il pousse avec des marques brun vert, il est appelé la « plante piège à lapins ».

Les boutures peuvent être prises n'importe quand et racinent rapidement dans l'eau, placées en pleine lumière. Quand les racines sont sorties et qu'elles ont 2 cm de long, rempotez les boutures dans la terre. Arrosez avec de la vitamine B_1 en solution. Recouvrez avec un sac en plastique pendant quelques jours pour éviter le flétrissement. Quand la plante est volumineuse, il est possible de la diviser en hiver. Sortez la plante de son pot. Écartez les racines en deux parties. Rempotez chacune dans un pot plus petit que le pot d'origine.

Misère

Les botanistes sont en désaccord sur le classement botanique des plantes de cette famille. Les trois plus courantes sont *Tradescantia albiflora* à petites feuilles vert brillant, *Tradescantia fluminensis* à feuilles diversement rayées de blanc, jaune, rose, pourpre dans le sens de la longueur, et *Tradescantia Zebrina,* la misère la plus courante. Les feuilles sont parfois duvetées. Leurs tiges sont épaisses et leurs feuilles peu fragiles.

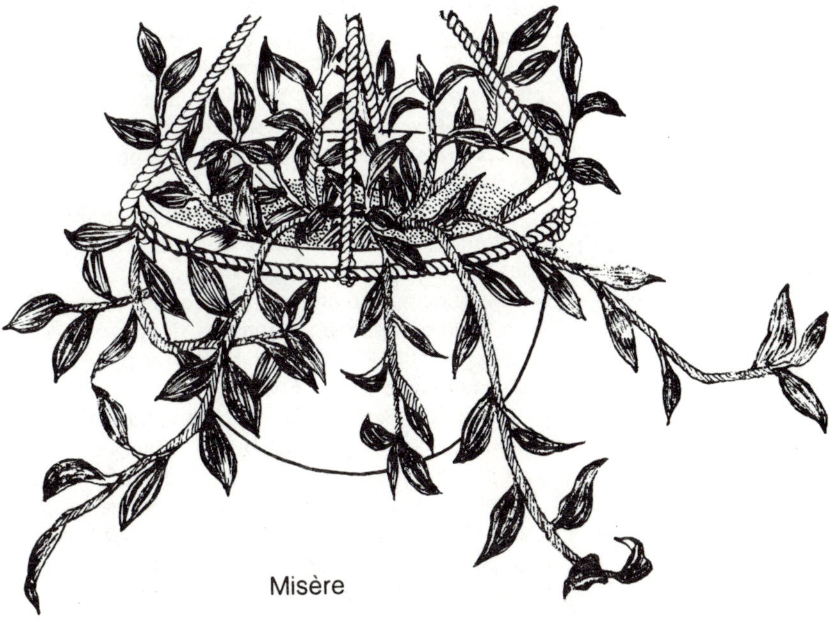

Misère

Enracinement dans l'eau. Toutes les misères peuvent être multipliées de la même façon, dans l'eau. Coupez des boutures de 8 cm et faites-les raciner ensemble dans une petite bouteille d'eau sur une fenêtre éclairée. Elles forment leurs racines en une semaine, aux nœuds. Quand elles ont 4 cm de long, empotez-les dans la terre.

Obturez un pot et remplissez-le de terre. Prenez un bâtonnet et faites des trous dans lequels vous planterez chaque bouture. Mettez autant de boutures que vous le désirez. Quand le pot est plein, arrosez avec de la vitamine B_1 en solution et placez le pot dans une serre pendant une semaine. Durcissez progressivement la plante. Vous avez réussi une nouvelle potée.

Si les tiges de votre misère deviennent cassantes et fines, enterrez la tête de chacune dans la terre. Elle formera de nouvelles racines dans le sol et ressortira vers la lumière, devenant ainsi plus forte. Cela peut être renouvelé deux ou trois fois et chaque fois la tige resurgira plus loin : c'est une loi naturelle. Pour la rendre encore plus touffue, pincez les tiges entre le pouce et l'index : cela force la plante à ramifier au niveau du sol. La misère est une plante agréable, facile à multiplier et vous aurez avec elle bien des satisfactions.

Néphrolépis

L'histoire du néphrolépis est intéressante. C'est une récente mutation de la fougère commune. Il fut découvert presque par chance, dans un lot de *Nephrolepis exaltata* vers la fin du XIXe siècle. L'expéditeur remarqua une des plantes aux feuilles plus brillantes. Elle était plus grande et plus jolie que les autres. Il sépara cette plante des autres. De cette plante proviennent les centaines et centaines de fougères de Boston qui décorent nos maisons.

Presque tous les ans, des variétés nouvelles et plus décoratives de *Nephrolepis exaltata* arrivent sur le marché.

J'en ai compté quarante et une, mais je suis sûre qu'il y en a encore beaucoup d'autres à découvrir. Peut-être est-ce *Nephrolepis exaltata* 'Whitmanii' le plus beau !

Vous pouvez décorer votre intérieur uniquement avec des fougères. Bien que leur habitat naturel soit le sous-bois ombragé, elles exigent une bonne lumière pour vivre à l'intérieur et tirent même profit d'un éclairage artificiel.

Elles ont aussi besoin d'humidité. Humidifiez-les chaque jour et, si possible, installez-les dans la salle de bain une fois par semaine, après avoir pris une douche. Une autre méthode consiste aussi, après les y avoir placées, à fermer porte et fenêtres et à ouvrir le robinet d'eau chaude. En fait, vous faites la même chose lorsque vous voulez défroisser des vêtements. Ces traitements ont donné de bons résultats sur toutes mes fougères. Les fougères doivent être bien arrosées. Elles ont souvent des racines toutes emmêlées car elles poussent très vite. Lorsque l'eau traverse directement le pot de fleurs par le trou, c'est que votre plante a des racines trop touffues. A ce moment-là, vous pouvez utiliser des cubes de glace qui fondent doucement. Mais, à terme, vous devrez soit la transplanter dans un pot plus grand, soit la diviser.

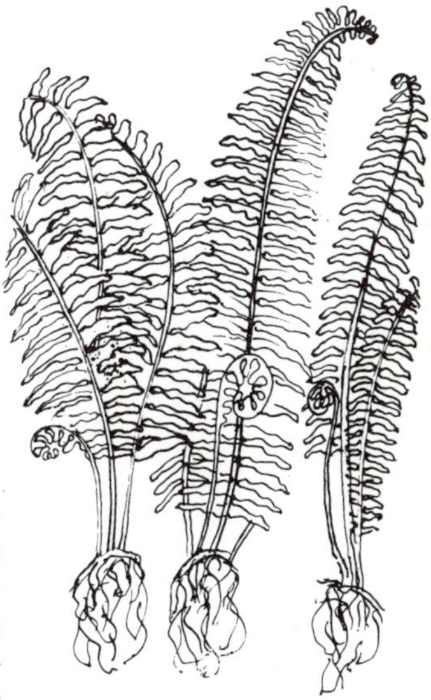

Frondes de néphrolépis avec rejets

Division. Dépotez la plante. La motte de racines ressemble à un nid d'oiseau. Sur le pourtour du pot, il y a de petits rejets avec de petites frondes repliées sur elles-mêmes. Coupez-les séparément avec un peu de racines. Plantez-les dans un pot. Ils deviendront en cinq ans de grandes plantes.

Une fougère est constituée de plusieurs petits rejets. Si vous l'observez, vous voyez où chaque rejet séparé pousse à partir des racines. Prenez deux fourchettes. Essayez de tirer sur les rejets en séparant les racines. C'est un travail dur. Certains abandonnent et prennent une petite hache pour couper la plante en deux. Cela ne tue pas la plante mais ne doit pas être bon. Quand vous comprenez la façon dont les racines sont implantées et dont elles peuvent être séparées, prenez un couteau aiguisé et faites la division. Chaque morceau de racine doit avoir son rejet avec ses feuilles.

Pandanus de Veitch

C'est une plante géométrique. Ses feuilles poussent en spirales parfaites sur la tige. C'est une plante charmante lorsqu'elle est petite. Mais à l'âge adulte, ses feuilles en dents de scie vous griffent chaque fois que vous essayez de les éviter pour arroser la plante.

Pandanus Veitchii a des feuilles striées de vert et blanc et semble plus populaire que son cousin aux feuilles striées de jaune et marron, *Pandanus Sanderi.*

La plante adulte émet des rejets attachés sur la plante-mère au-dessous du niveau du sol. Ils peuvent donner naissance à une nouvelle plante.

Quand vous vous occupez d'un pandanus adulte, portez des gants épais et même placez sur le bout de la plante une taie d'oreiller, ainsi il ne pourra pas vous ennuyer. Sortez doucement la plante de son pot et repérez l'endroit où émet le rejet. Avec un couteau aiguisé, coupez en prenant une partie de racine-mère avec le rejet. La taille du pot dépend de la taille de la racine-mère. Il doit être assez profond pour permettre aux racines de s'étendre sans être écrasées. Obturez le pot et remplissez-le avec de la terre. Faites un trou assez grand dans le centre pour contenir les racines. Placez les racines à l'intérieur et pressez doucement le sol autour de lui. Frappez le pot sur le sol pour tasser la terre.

Vous aurez peut-être des difficultés à sortir votre plante du pot en cognant celui-ci. Si vous le frappez trop fort, vous aurez beaucoup de morceaux. Si après quelques petits coups très doux, la plante ne veut pas sortir de son pot, vous devez reconsidérer la question.

Coupez le rejet au niveau du sol. Cependant, comme vous pouvez l'imaginer, la jeune plante aura plus de mal à s'en remettre. Elle aura à faire elle-même ses propres racines et devra donc être traitée différemment. Coupez le rejet aussi profond que vous le pouvez. Préparez un pot de 6 cm de vermiculite et mettez-y le rejet. Couvrez le pot avec un pot de confiture et placez-le sur la yaourtière. J'ai considéré votre yaourtière comme un ustensile acquis : au cas où vous n'en posséderiez pas, il y a une autre solution. Si vous avez bouturé en hiver et que vous ayez un radiateur qui fournit une source constante de chaleur, cela sera très bien ainsi. Ne mettez pas directement le pot sur le radiateur, autrement cela pourrait être trop chaud. Remplissez un moule à gâteau de petits cailloux et posez le pot sur les cailloux. Remplissez le moule avec de l'eau et testez avec le doigt deux ou trois heures après. Si l'eau semble trop chaude, le radiateur ne convient pas, car l'eau doit rester tiède.

Pépéromia

Beaucoup d'espèces et de variétés de pépéromia sont de bonnes plantes d'appartement. Certaines plantes de la même famille fournissent du poivre. Le pépéromia est originaire d'Amérique du Sud tropicale. Cependant, il ne demande pas d'arrosages fréquents et d'humidité comme la plupart des plantes tropicales. A cause de ses racines peu profondes, il est mieux dans un petit pot permettant un entassement. Le pépéromia se multiplie par boutures de tête qui racinent dans l'eau ou la vermiculite. Quand les racines ont 2 cm de long, elles sont rempotées. Vous pouvez faire raciner ses feuilles comme pour le saintpaulia.

Boutures de feuille. Prenez une feuille ferme, avec au moins 2 cm de tige. Faites un pot à deux étages en mettant un petit pot en terre rempli d'eau dans un grand pot rempli de vermiculite. Comme le pot en terre est poreux, l'humidité traversera les parois et ira dans la vermiculite en la gardant humide. Si vous ne trouvez pas un petit caillou pour obturer le trou de drainage, utilisez un chewing-gum bien mâché.

Placez la feuille dans la vermiculite inclinée à 45°. Chaleur et humidité aideront la feuille à raciner. Mettez votre pot dans une serre en plastique. Posez le tout sur la yaourtière. De nouveaux plants se formeront à la base de la feuille-mère. Quand deux ou trois feuilles sont visibles, ils peuvent être retirés doucement de la vermiculite et plantés dans un petit pot de terre individuel. Plantez-les un peu inclinés. Ainsi, les grandes feuilles n'arrêteront pas la lumière.

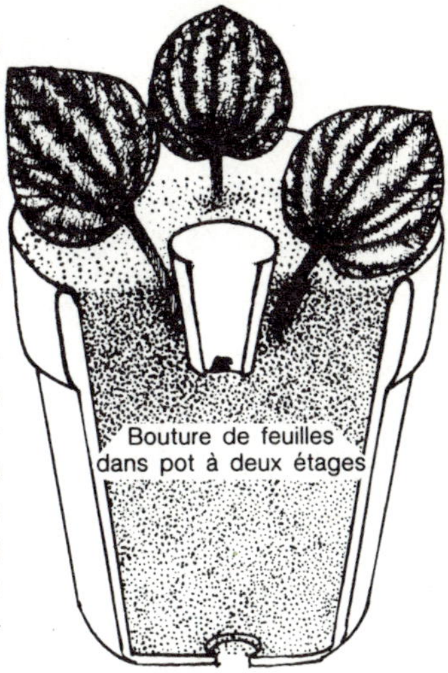

Philodendron

Les philodendrons sont très nombreux. Ils peuvent être classés en espèces grimpantes et non grimpantes, en espèces à feuilles non découpées et à feuilles découpées.

- *Philodendron cordatum.* C'est un grimpant à feuilles non découpées. Ses feuilles, en forme de cœur, poussent énormément. Il grimpe sur tout support, un morceau d'écorce recouvert de mousse par exemple. Il est très facile à multiplier. Il pousse aussi bien qu'une mauvaise herbe, simplement dans l'eau. Certains ne le mettent jamais dans un pot ! Cependant, si vous préférez le voir pousser en terre, attendez que les racines aient 2 cm dans l'eau. Rempotez deux ou trois boutures ensemble. Pincez votre plante pour éviter que la tige s'allonge.
- *Philodendron hastatum, rubrum.* C'est un beau philodendron à grande végétation avec des feuilles vertes en forme de flèche, veinées de rouge sur le dessus et entièrement rouges en dessous. En de rares circonstances, *Philodendron rubrum* fleurit. Mais ce sont surtout ses belles feuilles décoratives qui font son intérêt. Elles peuvent atteindre 40 cm. C'est un grimpant à feuilles non découpées, utilisé généralement sur des écorces recouvertes de mousse. La nature offre un moyen supplémentaire pour multiplier cette plante grâce aux racines aériennes. Coupez un morceau de tige juste au-dessous des racines, à un œil. Placez-le dans l'eau. De nouvelles racines se forment, outre les racines aériennes déjà présentes. Quand elles ont 4 cm de long, rempotez-les dans la terre. Mettez des-

sus un sac de plastique pour éviter le flétrissement, pendant quelques jours. Arrosez avec de la solution de vitamine B_1.

● *Philodendron Wendlandii, Philodendron Selloum. Philodendron Wendlandii* est un non-grimpant. Le second, un non-grimpant à feuilles découpées. Tous les deux poussent d'un seul point au niveau du sol. Les plantes poussant de cette façon émettent souvent des rejets. Ceux-ci peuvent être prélevés pour former une plante.

Prenez un couteau pointu et coupez le rejet le plus près du sol. Si votre plante n'est pas trop grosse, sortez-la du pot. Repérez la trace du rejet au-dessous du niveau du sol, là où il se sépare de la plante-mère. Coupez un morceau de la racine-mère avec le rejet pour faciliter le départ. Plantez-le dans un pot de vermiculite assez profond pour tenir la racine sans l'écraser. Couvrez le pot avec un sac en plastique. Mettez-le dans la yaourtière pendant un mois à peu près. Pensez à le durcir après l'avoir enlevé de la yaourtière. Rempotez-le dans la terre : vous avez une nouvelle petite plante.

Philodendron

● *Philodendron pertusum.* Il a des feuilles en lanières. Il est aussi connu sous le nom de *Monstera deliciosa,* ce qui veut dire monstre délicieux. Il produit un fruit ressemblant à un concombre. C'est un grimpant aux feuilles découpées qui pousse bien sur une planche recouverte de mousse. Comme tous les philodendrons qui émettent des racines aériennes, il est possible de le multiplier par bouture d'un morceau de tige. Coupez la tige juste au-dessous de l'œil à l'endroit où sortent les racines aériennes. De nouvelles racines se forment dans l'eau. Lorsqu'elles auront 2 cm de long, la plante pourra être rempotée dans la terre. Prévenez le risque du flétrissement en mettant la bouture dans une serre et en l'arrosant pendant une semaine avec de la vitamine B_1.

Poinsettia

Le poinsettia, tant aimé avec ses belles fleurs rouges, est cultivé en pot depuis un certain temps. Une version miniature est commercialisée depuis environ quatre ans. C'est la plante la plus éblouissante qui arrive au milieu de l'hiver. Elle peut éclairer toute une pièce. Après quelques semaines, peu à peu une feuille tombe puis une autre, jusqu'à ce que la plante soit dénudée. Généralement, elle meurt. Mais, maintenant, après avoir lu mon livre, vous en saurez davantage. Vous ne jetterez pas la plante. Vous la protégerez jusqu'à l'hiver prochain pour Noël, et vous ferez des boutures pour qu'elle fleurisse à la même époque.

Après la chute des feuilles (bractées), il reste trois ou quatre tiges nues dressées. Coupez-les à 12 cm. Continuez à les arroser en diminuant, jusqu'à leur donner une cuillerée d'eau par semaine. C'est la période du repos. Vous ne les verrez pas pousser au printemps. Dès que vous apercevrez les nouvelles pousses, mettez la plante à nouveau en pleine lumière. Arrosez-la régulièrement.

Poinsettia

Boutures de tige. Tôt au printemps, les tiges donnent de nouvelles feuilles et branches. Ces branches deviendront vos boutures. Coupez la tige juste sous le troisième œil. Obturez un pot et remplissez-le avec du sable horticole. Placez chaque bouture dans un petit pot. Un pot de 6 cm est excellent pour un poinsettia de taille normale. Utilisez un pot de 4 cm pour un poinsettia nain car les tiges sont plus courtes.

Besoins en lumière. Donnez à vos boutures la meilleure lumière de la maison, au besoin même une lampe spéciale.

Couvrez-les avec un pot de confiture ou mettez-les dans une serre plastique. Elles ont besoin d'humidité pour raciner. Une petite période sur la yaourtière les aidera.

Un mois après, tirez doucement sur les boutures. Si vous sentez une résistance, les racines sont formées. Avec prudence, sortez chaque bouture du sable. Secouez et conservez le sable pour un usage ultérieur. Empotez la bouture dans la terre et dans le même pot. Le poinsettia a besoin d'une vive lumière pour produire ses fleurs. Vous pouvez le mettre sous une lampe spéciale. Par contre, pour fleurir, le poinsettia a besoin d'au moins quinze heures de nuit (ce qui correspond en hiver du coucher du soleil à son lever) pendant quatre à six semaines. Si vous voulez de la couleur pour Noël, commencez vers la mi-novembre. Si vous avez une bonne mémoire, tout ce que vous avez à faire est de le mettre à l'ombre dans un placard sombre de 17 heures à 8 heures le lendemain matin. Si vous vous méfiez de votre mémoire, il est préférable de procéder autrement.

La meilleure solution est de mettre les boutures dans un placard inutilisé vers le 15 novembre avec une lampe spéciale et une minuterie automatique qui allume la lampe de 8 heures à 17 heures. Je surveille tous les jours : j'arrose et je fertilise. Vers la mi-décembre, des boutons serrés, annonçant l'arrivée des bractées rouges, apparaissent. Je sors alors les boutures du placard et les installe dans un endroit où l'on peut les apprécier.

Toute cette disposition de lampe est bien compliquée mais indispensable pour avoir des plantes fleuries à Noël. Si vous voulez planter un poinsettia dans un panier, voyez page 24.

Pothos doré

Couper une tige de pothos

Cette plante a beaucoup de noms, ce qui peut prêter à confusion. J'ai toujours pensé que c'était une variété de philodendron à cause de ses feuilles. En fait, ils appartiennent tous deux à la famille des aracées. On peut dire indifféremment *Scindapsus* ou *Pothos*. Les feuilles variées sont parfois mouchetées de jaune ou d'argent. La variété la plus connue est 'Golden'.

Le pothos peut atteindre des tailles énormes avec des feuilles ressemblant à du cuir et des racines aériennes qui pendent. Les feuilles d'une plante adulte peuvent avoir 76 cm de long.

Si vous achetez cette plante, choisissez-la avec plusieurs tiges, pas trop haute.

Boutures de tête. La façon la plus simple de faire pousser une nouvelle plante est de bouturer la tête. Cassez un morceau de 8 cm de tige à l'extrémité. Faites-le raciner dans l'eau, c'est rapide. Si vous préférez regarder les racines qui poussent dans l'eau, vous pouvez les y laisser. Elles semblent prendre toute leur nourriture dans l'eau. Si vous voulez les mettre dans un pot, obturez-le et remplissez-le de terre.

Prenez quatre ou cinq boutures racinées. Mettez chacune d'elles dans un trou avec un bâton. Tassez la terre autour de la tige. Arrosez bien. Vous obtiendrez rapidement une plante.

Si votre plante émet une ou deux longues tiges traînantes et se dénude au niveau du sol, enroulez la tige autour du pot. Retenez-la au sol avec des épingles à cheveux en U. Placez les épingles au niveau des nœuds des tiges. Mâchurez un peu la tige lorsque vous placez l'épingle. Cela formera un cal de protection. De nouvelles racines se formeront à ce niveau.

C'est une excellente plante à utiliser en association avec d'autres. Elle voisine agréablement dans une suspension avec misère et cissus.

Ces plantes ont les mêmes besoins en eau et en lumière. Elles se marient bien.

Faire raciner la bouture dans l'eau

Arrosage délicat. Le pothos a une façon classique de signaler son besoin en eau. Il devient mou et s'affale dans son pot. Après l'arrosage, il se redresse et redevient brillant. Malheureusement, il s'affaisse aussi lorsqu'il est trop arrosé. Vous devez donc faire la différence. Si votre plante devient molle et que vous l'avez arrosée la veille, ôtez-la du pot et voyez si elle semble légère ou lourde. Si elle est lourde, le cas est urgent.

Essayez de la sortir de sa terre et rempotez-la complètement dans une terre propre. Placez le pot sur la yaourtière sans le couvrir avec le sac en plastique. Cela permet au sol de sécher.

Planter la bouture,
la feuille au ras de la terre

Sansévièria

Il y a deux types de sansévièrias : le type haut *(Sansevieria trifasciata)* aux feuilles en formes de glaive, qui s'enroulent les unes sur les autres et qui peuvent atteindre 1,5 m, et le type nid d'oiseau *(Sansevieria Hahnii)* qui pousse à partir d'une rosette. M. Hahn a produit ce nouveau type de rosette de sansévièria. *Sansevieria Hahnii* 'Golden' a deux bandes jaunes sur chaque feuille.

Couper une feuille
en sections de 8 cm

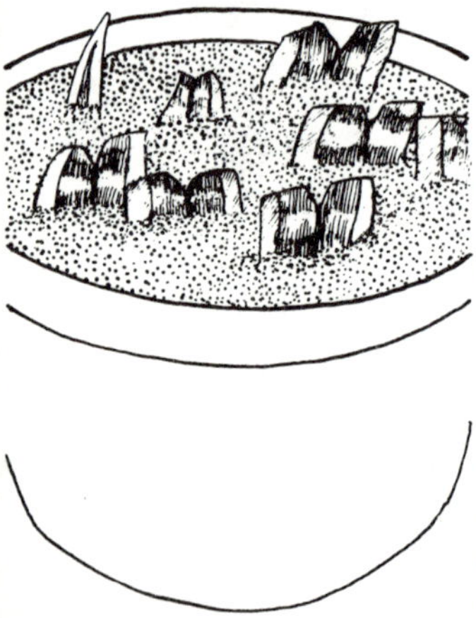

Enterrer chaque morceau
à moitié dans le sable

Boutures de feuille. Sur *Sansevieria trifasciata,* coupez une grande feuille de la plante-mère, divisez-la en morceaux de 8 cm de long. C'est important de se rappeler de quel côté est le haut de la feuille. Pour cela, faites une petite encoche, car la feuille forme des racines seulement vers le bas. Mettez vos morceaux de côté pendant deux jours, ainsi un cal se formera.

Avec *Sansevieria Hahnii* 'Golden', coupez une seule feuille le long de son côté vers le bas. Si vous voulez plusieurs plantes, coupez plusieurs feuilles.

Pour faire des boutures de ces deux plantes, obturez un pot peu profond et remplissez-le de sable. Arrosez avec de la vitamine B_1 en solution et placez vos morceaux de feuille droits, à moitié enterrés dans le sable. Les boutures de feuille demandent à la fois de l'humidité et une chaleur de fond pour la production des racines. Mettez le pot dans un sac en plastique et placez-le dans la yaourtière. Assurez-lui assez de lumière.

Multiplication par rejets. Tous les sansévièrias du type « rosette » émettent des rejets au niveau du sol et peuvent être multipliés de cette façon. Avec un couteau, séparez le rejet de sa mère. Obturez un petit pot, remplissez-le de sable et arrosez avec de la vitamine B_1 en solution. Pressez le rejet dans le sable et couvrez avec un pot de confiture retourné. Mettez-le sur la yaourtière. Quand les racines sont formées (un mois à six semaines), sortez-les de la yaourtière, durcissez-les. Puis rempotez-les dans un mélange de moitié sable et moitié terre. Prudence pour les sortir de leur premier milieu de culture, les racines peuvent se briser ! Utilisez une spatule en caoutchouc, en rempotant un peu du milieu précédent avec les racines.

Division. Si votre sansévièria a les feuilles striées de vert et jaune, les boutures de feuilles poussent en émettant un rejet vert non strié. La seule façon d'obtenir la même plante, c'est de la diviser.

Dépotez votre plante et secouez autant de terre que vous le pouvez pour bien voir les racines.

Essayez de séparer les racines avec deux fourchettes. Vous pouvez la diviser en autant de parties que vous le désirez, mais assurez-vous que chaque section de racine possède quelques feuilles. Si vous avez fait quatre parties avec une seule plante, mettez-les dans des petits pots. Si vous avez divisé votre plante en deux, les nouveaux pots doivent être juste un peu plus petits que l'original.

Le sansévièria pousse communément dans des endroits peu éclairés. Cela n'est pas nécessairement vrai. J'ai vu une fois un sansévièria en fleur. Son propriétaire disait que cela était dû au fait qu'il l'avait mis sur une fenêtre ensoleillée.

Aussi, placez votre plante sur votre fenêtre la plus ensoleillée, vous verrez bien.

Saxifrage

Elle émet des stolons comme un fraisier et ses feuilles ont la forme de celles du géranium. Ses feuilles duvetées sont d'un vert olive foncé avec des marques crème sur les bords et des marques rouges en dessous. Les frêles fleurs blanches poussent sur de longues tiges.

Elle émet des rejets qui pendent sur le pot. Cultivez-la en suspension.

Propagation par les stolons. La façon la plus facile de multiplier cette plante est de couper un stolon et de le laisser former ses racines dans une petite bouteille d'eau. Quand elles sont formées, plantez en terre. Cependant, comme les rejets sont très petits, il est plus facile de les épingler dans un pot de vermiculite près de la plante-mère. Vous installerez la plante-mère sur une surface plane et grouperez les pots autour d'elle. Les racines se forment en un mois ou six semaines et la nouvelle plante peut être empotée dans la terre du même pot.

Ne laissez pas le jeune plant attaché à sa mère trop longtemps. A moins d'absorber toute la nourriture de la mère, il est temps pour chaque plante d'apprendre à affronter le monde avec ses propres moyens.

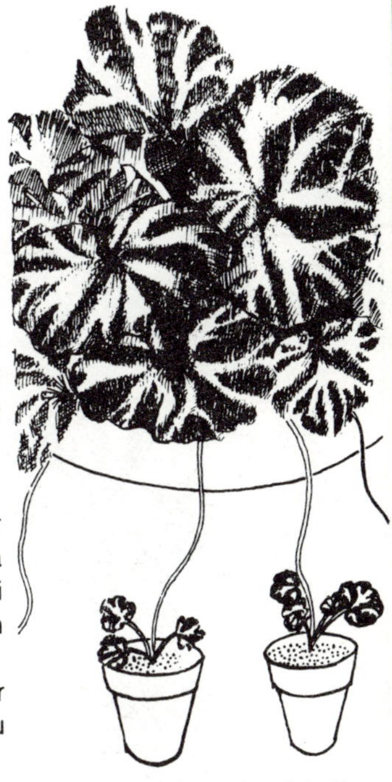

Plante-mère et rejets épinglés dans des pots de vermiculite

Multiplication par rejets. Cette plante pousse à partir d'une touffe centrale et même dans un pot plus petit. La plante d'origine sera bientôt envahie par des rejets qui poussent à sa base. Vous pouvez ôter ces rejets avec un couteau, aussi près que possible du niveau du sol.

Placez le rejet dans un pot de vermiculite préparée sur la yaourtière. Faites une serre avec un sac en plastique ou un pot à confiture retourné sur les bords du pot.

Arrosez avec de la vitamine B_1 en solution le premier jour. Entre un mois et six semaines, les racines sont formées ; sortez le pot de la yaourtière et durcissez le nouveau plant.

Plantez-le dans la terre du même pot.

Scheffléra

C'est une plante populaire que l'on trouve en de nombreuses variétés, chacune avec un nom différent, d'où des confusions. C'est une nouvelle variété miniature qui pousse plus en largeur qu'en hauteur. Elle porte des palmes avec huit doigts d'un vert foncé brillant. C'est une de ces plantes au sujet desquelles les livres vous conseillent de faire telle chose, mais j'ai estimé que ma plante pousserait mieux si je faisais exactement l'opposé.

Par exemple, on dit souvent que le scheffléra n'a pas besoin d'une bonne lumière ; suivant cette règle, j'ai réussi à avoir sur mon balcon une compagnie de vieux plants qui avaient perdu toutes leurs feuilles du bas. Dans la lumière plus vive de l'extérieur, ils se sont mis à émettre de nouvelles pousses. Ceci m'a donné l'idée de placer tout nouveau scheffléra devant ma fenêtre la plus éclairée. Tous ces jolis petits plants ont tendance à perdre leurs feuilles du bas. C'est un excès d'arrosage. Mais ici aussi, certains livres vous disent qu'il a besoin de peu d'eau et d'autres qu'il faut lui en donner sur le feuillage pour le nettoyer chaque fois que vous l'arrosez.

Le secret est de les laisser se dessécher complètement avant de les arroser à nouveau. (Quand vous avez un

Schefflera

doute, suivez votre deuxième opinion, votre guide à vous de l'arrosage.)

Si votre scheffléra perd ses feuilles du bas, bien que paraissant sec à la surface, il doit être encore détrempé au fond du pot. Les pots en plastique ont une façon terrible de transformer la vérité, et si vous consultez votre guide d'arrosage, il portera des conditions différentes humidité-sécheresse. Moi, je vous dis : attendez que le fond du pot soit sec avant d'arroser, même si le haut du pot ressemble à un désert. Il y a trois façons pour le multiplier.

Multiplication par rejets. Si vous avez la chance d'avoir une plante émettant des rejets au niveau du sol, coupez-les. Écartez un peu la terre autour de sa base et essayez de prendre un peu des racines-mères avec lui. Plantez-le dans un petit pot de vermiculite, couvrez-le avec une serre et placez-le sur la yaourtière. Quand les racines sont formées (en quatre ou six semaines), sortez le pot de la yaourtière, durcissez votre plante graduellement et replantez-la dans le même pot avec de la terre.

Boutures de feuilles et de tige. Si vous avez une jeune plante ayant perdu toutes ses feuilles du bas, coupez celles du haut et faites-les raciner dans l'eau. Vous pouvez aussi faire raciner une feuille cassée de la tige centrale : la méthode est identique dans les deux cas.

Placez votre bouture dans une bouteille d'eau sur une fenêtre ensoleillée ou sous une lampe. Quand les racines ont atteint 2 à 4 cm, elles peuvent être rempotées. Lorsque vous faites un transfert eau-terre, assurez-vous que vous avez suivi les instructions pour le traitement anti-choc.

Marcottage aérien. Si votre vieille plante a perdu toutes ses feuilles du bas, vous pouvez marcotter la tige : à 12 cm au-dessus des feuilles, faites une fente à un angle de 45°. Glissez un cure-dent pour éviter qu'elle se referme. Entourez la fente avec du sphagnum humide et ensuite avec une feuille de plastique attachée en haut et en bas. Assurez-vous que la mousse ne se dessèche pas, ajoutez de l'eau avec un goutte-à-goutte si nécessaire. En quatre à six semaines, de nouvelles racines se forment à travers la mousse. La tige doit être coupée juste sous les racines et les racines mises dans la terre.

Conservez la plante originale, parfois elle émet de nouvelles pousses juste au-dessous de la coupure.

Spathiphyllum

Diviser les feuilles et tirer doucement les racines avec les mains

Rempoter les deux parties

Cette plante fait partie de la famille des aracées qui comprend le philodendron, le pothos et le dieffenbachia.

Spathiphyllum floribundum a des feuilles petites. Sa beauté tient à sa floraison qui dure du printemps à l'été.

J'ai lu que cette plante poussait avec peu de lumière, mais j'ai observé que ma plante ne fleurissait que lorsque je la mettais sur une fenêtre ensoleillée et renforcée par la lumière de la lampe. C'est une de mes plantes favorites, elle est si facile à contenter. Dès qu'elle manque d'eau, ses feuilles se recroquevillent et vous pouvez la sauver en la bassinant fréquemment.

Le spathiphyllum émet souvent des rejets au niveau du sol. Ce sont des plantes complètes, en miniature, avec leur propre système radiculaire.

Sortez doucement la plante de son pot et séparez le rejet de son parent. Ses racines peuvent être attachées à celles de sa mère et vous devrez les sectionner. Empotez la petite plante dans un pot de 6 à 8 cm et mettez-la sous un sac en plastique pendant un ou deux jours. Arrosez-la avec de la vitamine B_1 pendant une semaine. Mon spathiphyllum a plus de cinq ans.

Il a été fait avec deux petits plants dans un seul pot à l'origine. Il est devenu une masse de rejets avec deux énormes plantes adultes. Il est temps de le diviser.

Division. Dépotez la plante de son pot et enlevez la terre. Mettez-la à plat sur une table et examinez le système radiculaire. La plante est faite de plusieurs plantes plus petites entourant la plante centrale. Divisez les feuilles en deux parties et tirez les racines avec les mains. Chaque partie doit avoir des feuilles, de nouvelles pousses et des racines. Maintenant, séparez les deux parties avec un couteau. Divisez votre plante en deux parties ou plus si vous le voulez. La taille des pots dépend du nombre de morceaux en votre possession. Néanmoins, vous devez vous préparer à couper quelques-unes des racines dans le bas. Une plante coupée en deux parties pourra retourner dans un pot de la même taille que celui qu'elle vient de quitter. Lorsque vous divisez en trois ou quatre sections, vos pots doivent avoir 12 cm de diamètre. Le spathiphyllum émet des racines blanches forçant occasionnellement la plante à sortir de son pot. Si votre plante commence à sortir et que son collet est au-dessus de la surface, vous pouvez être sûr que ses racines commencent à s'emmêler et il est nécessaire de la mettre dans un pot plus grand.

Si vous avez des difficultés à arroser votre plante, voilà un autre signe que les racines s'emmêlent. Soit l'eau refuse de descendre dans le pot et reste en surface, soit au contraire elle glisse directement le long des bords et s'en va par le trou du fond.

Les cubes de glace sont une bonne méthode à utiliser pour arroser votre plante. La glace prend beaucoup de temps pour fondre et les racines ont quelque chance de l'absorber. Cependant, tôt ou tard, vous devrez la diviser ou la mettre dans un pot plus grand.

Violette d'Usambara

Son nom botanique est *Saintpaulia ionantha*.

Pour être le propriétaire heureux d'un saintpaulia bien portant, vous devez lui consacrer tout votre intérêt : à lui et lui seulement.

Je l'avoue, je ne suis pas ce genre de personne (même si j'ai réussi, du premier coup, à faire pousser un saintpaulia à partir d'une seule feuille). Les conseils qui suivent, m'ont été donnés par une amie qui, elle, est une vraie fanatique du saintpaulia.

Malgré son aspect touffu lorsqu'il est adulte, le saintpaulia est très facile à multiplier, et ce de plusieurs façons : en détachant les rejets qui se forment au collet de la plante, en divisant les touffes ou en faisant raciner une seule feuille dans l'eau. On récupère ensuite les petits plants lorsqu'ils se forment.

Division des touffes. La plupart des saintpaulias adultes sont faits de plusieurs éclats ayant des racines communes. Ils peuvent être séparés en plusieurs plants, avec pour chacun d'eux une partie des racines. Secouez la plante en dehors de son pot. Avec les doigts, suivez le tracé des racines, pour chaque éclat, jusqu'à la surface. Regardez de près : vous verrez de quelle manière vous pouvez séparer ces éclats les uns des autres, très doucement. Inutile d'utiliser un couteau.

Empotez chaque éclat dans un mélange terreux spécial, riche, vendu dans les jardineries. Sur une plante adulte, de petites rosettes apparaissent à la base de la plante-mère. Elles sont appelées rejets. Parfois, ceux-ci poussent au sommet de la plante-mère. Celle-ci doit alors être nettoyée avec du fongicide appliqué avec un morceau de coton après le prélèvement des rejets. Préparez un pot de 5 cm avec un mélange pour saintpaulia et introduisez délicatement le rejet dans le mélange.

Si le rejet semble pousser à partir du dessous de la surface du sol, retirez-le délicatement et détachez-le de la plante-mère avec une petite partie des racines. La partie coupée doit être nettoyée avec un fongicide et plantée dans un pot empli du mélange spécial saint-paulia. La plante peut avoir besoin d'un support. Un cure-dent fera l'affaire. La plante aura intérêt à passer quelques jours dans une serre faite d'un pot de confiture retourné sur le bord du pot de fleurs.

Boutures de feuille. La création d'une nouvelle plante à partir d'une seule feuille est une entreprise stupéfiante à propos du saint-paulia : les mêmes feuilles peuvent être utilisées plusieurs fois. Chaque rejet est séparé de la feuille-mère dès que ses propres racines sont bien formées.

Certaines personnes piquent le pétiole à travers une feuille de papier ou une feuille de métal posée sur un bocal. Une autre façon de procéder consiste à faire tenir la feuille droite dans 4 cm d'eau au fond d'un verre étroit.

Cette méthode présente un avantage : la feuille reçoit de l'humidité complémentaire grâce à la proximité de l'eau.

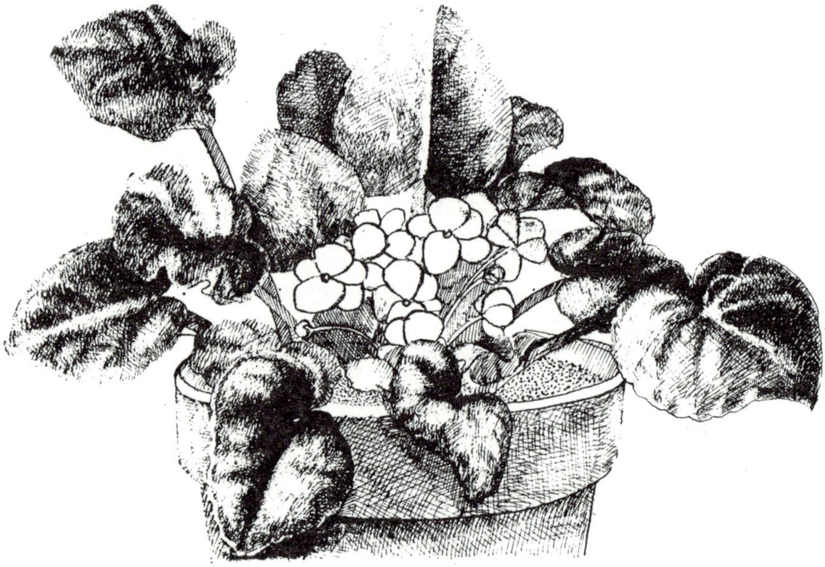

Saintpaulia

Les racines se forment sur la partie coupée de la tige et des petits plans poussent juste au-dessus des racines. Lorsque le jeune plant a une hauteur de 2 cm, séparez-le du plant-mère avec son propre système radiculaire. Les jeunes plants sont empotés dans de petits pots de 6 cm remplis du mélange spécial. La feuille initiale peut être mise dans l'eau pour recommencer la production.

La boîte à boutures. Lorsque vous avez beaucoup de feuilles à multiplier, vous pouvez utiliser une boîte à boutures en plastique transparent avec un couvercle hermétique. Épandez 4 cm de vermiculite préparée dans le fond. Puis, placez les feuilles avec leurs tiges en biais dans la vermiculite (aucune moisissure ne les empêchera de grandir).

Si la vermiculite est toujours maintenue humide, et que l'ambiance est bien saturée à l'intérieur de la boîte, des racines se forment à la base des tiges. Les jeunes plantes apparaîtront juste au-dessus de la vermiculite.

Lorsque le jeune plant se présente, la feuille doit être sortie de la boîte et plantée dans un pot de 4 cm. Placez la feuille-mère sur le côté de la terre. Ainsi, le jeune plant a de la lumière et l'espace nécessaire pour pousser.

Faites un pot arroseur. C'est un pot très utile quand on a beaucoup de feuilles à multiplier. Placez un pot en argile de 4 cm dans un pot large et peu profond rempli de vermiculite. Fermez le trou au fond du pot de 4 cm avec un chewing-gum et remplissez-le d'eau. L'astuce réside dans le fait que l'eau, dans le petit pot en argile, traverse les parois et passe dans la vermiculite du grand pot, maintenant ainsi l'humidité. Les feuilles sont individuellement installées en biais dans la vermiculite.

Les feuilles de saintpaulia racinent deux fois plus vite si vous les placez sur votre fenêtre la plus éclairée. Ils tirent beaucoup de profit d'un éclairage par une lampe spéciale. Ils aiment un sol humide mais non détrempé. J'utilise de l'eau tiède pour les arroser.

index

Photocomposition : C.M.L., Montrouge